William MacDonald

Der Unterschied

Die Bibel recht verstehen

Hänssler-Verlag
Neuhausen-Stuttgart

CIP-Kurztitelaufnahme der Deutschen Bibliothek

MacDonald, William:
Der Unterschied: Die Bibel recht verstehen / William MacDonald.
(Übers.: Monica Boddenberg; Detlev Seidel.
Überarb.: Dieter Boddenberg). —
Neuhausen-Stuttagrt · Hänssler, 1985.
(TELOS-Bücher; 443 · Telos-Taschenbuch)
Einheitssacht.: Here's the difference <dt.>
ISBN 3-7751-1052-6
NE: Boddenberg, Dieter (Bearb.); GT

ISBN 3-7751-1052-6

TELOS-Taschenbuch 443
Original-Titel: Here's the difference

Übersetzung: Monica Boddenberg / Detlev Seidel
Überarbeitung: Dieter Boddenberg
Druck: Druckhaus Gummersbach Arntz & Co. GmbH
Umschlaggestaltung: Dieter Wormuth, Monheim

Inhalt

Vorwort

William MacDonald, ein von Gott begnadeter Bibellehrer, untersucht in dem vorliegenden Buch eine Reihe von Fragen, die für viele ernste Bibelleser problematisch sind. In deutlicher Unterscheidung biblischer Lehraussagen zu den verschiedensten Themen, will er dem Leser helfen, die Heilige Schrift besser zu verstehen. Dabei werden u.a. folgende Themen behandelt: Gesetz und Gnade, die zwei Kommen Christi, Stellung und Praxis des Christen, Israel und die Gemeinde, der Tag des Herrn, der Tag Christi, der Tag Gottes und viele andere mehr.
Da über manche der vorgenannten Fragen oft heftige, durch vorgefaßte Meinungen geprägte Diskussionen entstehen, die dem Frieden unter den Christen nicht dienlich sind, scheint es geboten, auf der Suche nach gültigen Antworten die Bibel selbst zu fragen. Und eben das geschieht in diesem Werk des bekannten Autors.
Wir wünschen dem Buch eine weite Verbreitung und möchten in einer Zeit pluralistischer Meinungsbildung dadurch mithelfen, die wirklichen Gedanken und Absichten Gottes, die Sein Wort für uns, die Gemeinde, die Heilszeitalter usw. nennt, in klarer, Lösung bringender Weise zu erkennen.

Christliche Verlagsgesellschaft Dillenburg
Dieter Boddenberg

1. Unterscheidung der Zeitalter

Augustinus sagte einmal: »Unterscheide die Zeitalter und die Schriften der Bibel stimmen überein.« Gott hat die menschliche Geschichte in Zeitalter eingeteilt: »...durch welchen er auch die Zeitalter gemacht hat« (Hebr. 1,2 Scofield Bibel Anmerkung). Diese Zeitalter können kurz oder lang sein. Was sie unterscheidet ist nicht ihre Dauer, sondern die Art und Weise, in der Gott mit der Menschheit handelt.

Während Gott sich niemals ändert, so ändern sich doch Seine Methoden. Zu verschiedenen Zeiten handelt Er unterschiedlich. Die Art und Weise, wie Gott während eines Zeitalters Seine Angelegenheiten mit den Menschen verwaltet, wird manchmal *»Haushaltung«* genannt. Eigentlich meint *»Haushaltung«* nicht so sehr Zeitalter, sondern vielmehr eine Amtsperiode, eine Verwaltung, eine Ordnung oder eine Bewirtschaftung. Es ist für uns aber schwierig, an eine Haushaltung zu denken, ohne dabei gleichzeitig den Zeitfaktor zu berücksichtigen. Die Regierungsgeschichte der USA wird zum Beispiel in verschiedene Amtsperioden unterteilt. Man spricht von der Amtsperiode Roosevelts, Eisenhowers oder Kennedys. Gemeint ist natürlich die Regierungsführung zu der Zeit, als diese Leute Präsident waren. Das Eigentliche ist die politische Richtung, die verfolgt wurde; aber notwendigerweise verbinden wir damit auch einen bestimmten Zeitabschnitt.

Die Handlungsweise Gottes in jedem Zeitabschnitt der Menschheitsgeschichte wollen wir deshalb *»Haushaltung«* nennen. Gottes Handeln in einer *»Haushaltung«* könnte mit einem wirklichen Haushalt verglichen werden. Sind hier nur Mann und Frau vorhanden, so folgt daraus eine bestimmte Verhaltensweise. Diese wird aber völlig anders, wenn erst einmal mehrere kleine Kinder vorhanden sind. Reifen die Kinder heran, so werden die Familienangelegenheiten erneut in anderer Weise gehandhabt. Das gleiche Muster finden wir in der Verfahrensweise Gottes mit der Menschheit (Gal. 4,1-5).

Um ein Beispiel zu nennen: Als Kain seinen Bruder Abel erschlagen hatte, machte Gott ein Zeichen an seine Stirn, damit er nicht von jemandem, der ihn finden würde, getötet würde (1. Mose 4,15). Nach der Flut jedoch führte Gott die Todesstrafe ein, mit der Anordnung: »Wer Menschenblut vergießt, durch den Menschen soll sein Blut vergossen werden« (1. Mose 9,6). Warum dieser Unterschied? Weil inzwischen ein Wechsel der *»Haushaltung«* eingetreten war.

Ein anderes Beispiel. In Psalm 137,8.9 ruft der Schreiber ein ernstes Gericht über Babylon aus:

»Tochter Babel, du Verwüsterin! Glücklich, der dir vergilt dein Tun, das du uns angetan hast. Glücklich der deine Kinder ergreift und sie am Felsen zerschmettert!«

Dennoch lehrt der Herr Jesus später Sein Volk:

»Liebet eure Feinde, und betet für die, die euch verfolgen.«

Es ist klar, daß die dem Psalmisten angemessene Sprache, der unter dem Gesetz lebte, für den unter der Gnade lebenden Christen nicht länger passend ist.

Über die Zahl der Haushaltungen oder ihre Bezeichnungen sind sich nicht alle Christen einig. Ja, es ist sogar so, daß nicht einmal alle Christen akzeptieren, daß es überhaupt Haushaltungen gibt.

Wir möchten aber ihre Existenz wie folgt beweisen:

Erstens gibt es mindestens zwei Haushaltungen — Gesetz und Gnade:

»Das Gesetz wurde durch Mose gegeben, die Gnade und die Wahrheit ist durch Jesus Christus geworden« (Joh. 1,17).

Die Tatsache, daß unsere Bibel in Altes und Neues Testament geteilt ist, zeigt an, daß ein Wechsel der Verwaltung stattgefunden hat. Einen weiteren Beweis finden wir darin, daß Gläubige unserer Zeit nicht aufgefordert werden, tierische Schlachtopfer zu bringen; auch das zeigt, daß Gott eine neue Ordnung eingeführt hat.

Wenn wir aber darin übereinstimmen, daß es zwei Haus-

haltungen gibt, sind wir auch zur Annahme gezwungen, daß es drei gibt, denn die Zeit des Gesetzes fing nicht vor 2. Mose 19 an, Jahrhunderte nach der Schöpfung. So muß mindestens eine Haushaltung vor dem Gesetz existiert haben (s. Röm. 5,14). Damit wären es drei.
Wir sollten uns dann auch auf eine vierte Haushaltung einigen können, denn die Bibel spricht von »dem kommenden Zeitalter« (Hebr. 6,5). Natürlich ist das die Zeit, wenn der Herr Jesus Christus zurückkommen wird, um auf der Erde zu herrschen, auch bekannt als das Tausendjährige Reich.
Der Apostel Paulus unterscheidet ebenfalls zwischen dem »gegenwärtigen« und dem »kommenden« Zeitalter. Erst spricht er von einer Haushaltung, die ihm anvertraut wurde in Verbindung mit der Wahrheit des Evangeliums und der Gemeinde (1. Kor. 9,17; Eph. 3,2; Kol. 1,25). Das ist das gegenwärtige Zeitalter. Aber er weist dann auch hin auf ein zukünftiges, wenn er sich in Eph. 1,10 auf die »Verwaltung der Fülle der Zeiten« bezieht. Von dieser Beschreibung her ist klar, daß diese Zeit noch nicht gekommen ist. Daher wissen wir, daß wir nicht in der absolut letzten Zeit der Weltgeschichte leben.
Dr. C. I. Scofield, der Herausgeber der Scofield Reference Bible, listet folgende sieben Haushaltungen auf:

1. **Die Zeit der Unschuld** (1. Mose 1,28): von der Schöpfung Adams bis zum Sündenfall.
2. **Die Zeit des Bewußtseins der moralischen Verantwortung** (des Gewissens) (1. Mose 3,7): vom Sündenfall bis zum Ende der Flut.
3. **Die Zeit unter der Verwaltung durch den Menschen** (1. Mose 8,15): vom Ende der Flut bis zu Abrahams Berufung.
4. **Die Zeit der Verheißung** (der Patriarchen 1. Mose 12,1): von Abrahams Berufung bis zur Gesetzgebung.
5. **Die Zeit des Gesetzes** (2. Mose 19,1): von der Gesetzgebung bis Pfingsten.

6. **Die Zeit der Gemeinde** (der Gnade, Apg. 2,1): von Pfingsten bis zur Entrückung.
7. **Die Zeit des Königreichs** (Offbg. 20,4): die tausendjährige Regierung Christi auf der Erde.

In seiner Übersichtskarte »Der Lauf der Zeit von Ewigkeit zu Ewigkeit« sieht A. E. Booth sieben Haushaltungen der Menschheitsgeschichte in den sieben Tagen der Schöpfung vorgeschattet:

1. Tag — Licht und Verheißung.
2. Tag — Herrschaft (von der Flut bis zur Völkertrennung).
3. Tag — Israel (von Abraham bis zum Ende der Evangelien).
4. Tag — Gnade (eine eingeschobene Periode).
5. Tag — die Trübsal
6. Tag — das Tausendjährige Reich
7. Tag — die Ewigkeit

Während es nicht so wichtig ist, mit den kleinsten Einzelheiten der Einteilung einverstanden zu sein, ist es doch sehr wichtig zu sehen, daß es verschiedene Haushaltungen gibt. Die Unterscheidung zwischen Gesetz und Gnade ist besonders wichtig. Sonst werden wir Schriftaussagen, die andere Zeiten betreffen, auf uns selbst beziehen. Sind auch alle Bibelstellen nützlich für uns (2. Tim. 3,16), so sind sie doch nicht alle direkt an uns gerichtet. Abschnitte, die andere Zeitabschnitte behandeln, können auf uns zwar angewendet werden, haben ihre Bedeutung aber in erster Linie für die Zeit, für die sie geschrieben wurden. Es war z.B. den unter dem Gesetz lebenden Juden verboten, Fleisch von irgendeinem unreinen Tier zu essen, d.h. von einem mit gespaltenen Hufen und das nicht wiederkäute (3. Mose 11,3). Dieses Verbot gilt für heutige Christen nicht mehr (Mark. 7,18 u. 19), aber das dahinterstehende Prinzip ist geblieben — daß wir nämlich moralische und geistliche Unreinheit vermeiden sollen.

Gott versprach dem Volk Israel materiellen Wohlstand,

wenn es ihm gehorchen würde (5. Mose 28,1-6). Die Betonung lag auf dem materiellen Segen hier auf der Erde. Für uns gilt das nicht mehr. Gott verspricht nicht, daß Er unseren Gehorsam mit finanziellem Wohlstand belohnen wird. Statt dessen sind die Segnungen der jetzigen Haushaltung geistlicher Art in himmlischen Örtern (Eph. 1,3). Während die verschiedenen Haushaltungen also zu unterscheiden sind, ändert sich eins nie, das ist das Evangelium. Errettung ist immer durch den Glauben an den Herrn Jesus geschehen — das ist immer noch so und wird auch immer so bleiben. Und die Grundlage der Errettung ist für jedes Zeitalter gelegt worden mit dem vollbrachten Werk Christi am Kreuz auf Golgatha.

Die Menschen im Alten Testament wurden dadurch gerettet, daß sie an das glaubten, was Gott ihnen offenbarte. Abraham z.B. wurde gerettet, weil er Gott glaubte, als dieser ihm sagte, seine Nachkommenschaft würde so zahlreich sein wie die Sterne (1. Mose 15,5 u. 6). Abraham wußte nicht viel von dem, was Jahrhunderte später auf Golgatha geschehen würde. Gott aber wußte es. Und als Abraham Gott glaubte, rechnete der ihm den ganzen Wert des zukünftigen Werkes Christi zu.

Jemand hat gesagt, die Heiligen des Alten Testamentes seien »auf Kredit« errettet worden, auf der Basis des Preises, den der Herr Jesus viele Jahre später bezahlen würde (das ist auch die Bedeutung von Röm. 3,25). Wir wurden errettet auf der Grundlage des Werkes, das Christus vor über 1900 Jahren vollbracht hat. Aber in beiden Fällen geschieht die Errettung durch den Glauben an den Herrn. Wir müssen uns vor dem Gedanken hüten, daß die Menschen, die unter dem Gesetz lebten, durch das Halten der Gebote errettet worden wären oder sogar durch die Opferung von Tieren. Das Gesetz kann nur verurteilen, es kann nicht retten (Röm. 3,20). Und das Blut von Stieren und Böcken kann nicht eine einzige Sünde wegnehmen (Hebr. 10,4). Nein! Gottes Weg zur Errettung beruht nur auf dem Glauben, auf ihm allein (s. Röm. 5,1)!

Einen anderen Punkt gilt es sich zu vergegenwärtigen: wenn wir von dem gegenwärtigen Zeitalter als dem der Gnade sprechen, so beinhaltet das nicht, daß Gott nicht auch in vergangenen Haushaltungen gnädig gewesen wäre. Wir meinen damit einfach, daß Gott jetzt den Menschen auf dem Boden der Gnade erprobt und damals auf dem des Gesetzes. Diese Unterscheidung wird in einem späteren Kapitel genauer erklärt werden.

Es ist außerdem wichtig festzuhalten, daß die Zeitalter nicht abrupt enden. Sie überschneiden sich oft, das heißt, es ist eine Übergangszeit vorhanden. Wir sehen das z.B. in der Apostelgeschichte; es dauerte eine Zeitlang, bis die neugebildete Kirche den Putz der alten Haushaltung abgelegt hatte. Auch ist es möglich, daß zwischen der Entrückung und der großen Drangsal, in der der Mensch der Sünde offenbar wird und der Tempel in Jerusalem errichtet wird, ein Zeitabschnitt liegt.

Ein letztes Wort. Wie alle guten Dinge kann auch das Studium der Haushaltungen mißbraucht werden. Es gibt einige Christen, die die Lehre von den Haushaltungen so extrem ausbauen, daß sie nur noch die Gefängnisbriefe des Paulus als für die Gemeinde zuständig betrachten. Das Resultat ist, daß sie die Taufe und das Mahl des Herrn nicht anerkennen, eben weil diese Dinge in den Gefängnisbriefen nicht erwähnt werden. Auch lehren sie, daß die Evangeliumsbotschaft des Petrus nicht die gleiche war, wie die des Paulus (vgl. Gal. 1,8.9 als eine Widerlegung dieses Gedankens). Diese Leute werden manchmal »Ultra-Dispensionalisten« oder »Bullingeristen« (nach einem Lehrer namens E. W. Bullinger) genannt. Ihre extreme Betrachtung der Haushaltungen sollte abgelehnt werden.

2. Die zwei Kommen Christi

Um die Bibel zu verstehen und sich an ihr zu erfreuen, ist es notwendig, zwischen dem ersten und dem zweiten Kommen Christi zu unterscheiden. Sein erstes Kommen bezieht sich natürlich auf Seine Geburt als Kind in Bethlehems Krippe. Sein zweites Kommen weist auf die Zeit Seiner Wiederkehr hin. Das erste ist verbunden mit Christi Leiden, das zweite mit der darauffolgenden Herrlichkeit (1. Petr. 1,11).

Wir möchten in diesem Kapitel das zweite Kommen Christi in allgemeiner Weise darstellen, indem wir nur auf die Tatsache hinweisen, daß der Heiland wiederkommen wird. Im nächsten Kapitel werden wir sehen, daß es verschiedene Phasen Seines zweiten Kommens gibt.

Die Propheten des Alten Testamentes sagten das Kommen des Messias voraus, aber sie waren erstaunt über das, was sie sahen. Gottes Geist offenbarte ihnen, daß das Kommen des Christus auf zwei Arten geschehen würde, in Niedrigkeit und in Herrlichkeit. Er würde leiden, bluten und sterben, aber ebenso würde Er triumphieren über all Seine Feinde. Das konnten sie nicht in Einklang bringen. Es war ihnen nicht klar, daß sie zwei unterschiedliche Kommen des Messias sahen, mit mehr als 1900 Jahren dazwischen.

Oft werden in der Bibel die beiden Kommen miteinander verschmolzen ohne den Hinweis einer dazwischenliegenden Zeitperiode. Wenn wir lernen können, diese schnellen Wechsel zu entdecken, wird es viel zu unserer Freude und unserem Nutzen beitragen. Hier einige Beispiele:

Die ersten einundzwanzig Verse von Psalm 22 beziehen sich eindeutig auf das erste Kommen; sie schildern die Leiden des Heilandes am Kreuz. Aber zwischen den Versen 21 und 22 liegt ein klarer Wechsel. Die letzten zehn Verse des Psalms deuten auf den Sieg und die Herrlichkeit des zweiten Kommens hin.

Die zwei Kommen finden wir auch in Jes. 9,6-7:

»Denn ein Kind ist uns geboren, ein Sohn uns gegeben, und die Herrschaft ruht auf seiner Schulter; und man nennt seinen Namen: Wunderbarer, Berater, starker Gott, Vater der Ewigkeit, Friedefürst. Die Mehrung der Herrschaft und der Friede werden kein Ende haben auf dem Thron Davids und über sein Königreich, um es zu befestigen und zu stützen durch Gericht und durch Gerechtigkeit von nun an bis in Ewigkeit. Der Eifer Jehovas der Heerscharen wird dieses tun.«

Die Ankunft in Bethlehem wird mit den Worten beschrieben »Ein Kind ist uns gegeben, ein Sohn uns gegeben ...«. Der gesamte Rest der Verse deutet auf die Zeit hin, wenn Er wiederkommen wird, um in Macht und großer Herrlichkeit zu herrschen.

In Jes. 49,7 finden wir ebenfalls diese beiden Kommen: »So spricht der Herr, der Erlöser Israels, sein Heiliger, zu dem von jedermann Verachteten, zu dem Abscheu der Nation, zu dem Knechte der Herrscher: Könige werden es sehen und aufstehen, Fürsten und sie werden sich niederwerfen, um Jehovas willen, der treu ist, des Heiligen Israels, der dich erwählt hat.«

Das erste Kommen wird deutlich in den Worten: »zu dem von jedermann Verachteten, zu dem Abscheu der Nation, zu dem Knecht der Herrscher ...«, aber der Rest des Verses deutet zweifellos auf Sein zweites Kommen hin.

Sehen wir uns jetzt Jes. 52,14-15 an:

»Gleichwie sich viele über dich entsetzt haben, — so entstellt war sein Aussehen, mehr als irgendeines Mannes, und seine Gestalt mehr als der Menschenkinder, ebenso wird er viele Nationen in Staunen setzen, über ihn werden Könige ihren Mund verschließen. Denn sie werden sehen, was ihnen nicht erzählt worden war; und was sie nicht gehört hatten, werden sie wahrnehmen.«

Vers 14 beschreibt offensichtlich den Erlöser am Kreuz; Menschen, die der Kreuzigung zusahen, waren entsetzt über die Tiefen Seines Leidens. Aber Vers 15 zeigt den ungeheuren Kontrast. Wenn der Heiland wiederkommt, werden die Menschen erstaunt sein über den Glanz Seiner Herrlichkeit. Die Nationen werden erschrecken, wenn sie den für nichts geachteten Fremden aus Galiläa wiederkommen sehen als den König der Könige, und den Herrn der Herren.

Eines der bekanntesten Beispiele eines Bibelabschnittes, in dem die beiden Kommen Christi nebeneinander stehen, ist Jes. 61,1 u. 2:

»Der Geist des Herrn, Jehovas, ist auf mir, weil Jehova mich gesalbt hat, um den Sanftmütigen frohe Botschaft zu bringen, weil er mich gesandt hat, um zu verbinden, die zerbrochenen Herzens sind, Freiheit auszurufen den Gefangenen, und Öffnung des Kerkers den Gebundenen; um auszurufen das Jahr der Annehmung des Herrn und den Tag der Rache unseres Gottes, und zu trösten alle Trauernden.«

Als der Herr Jesus in der Synagoge von Nazareth war, zitierte Er diese Verse (Luk. 4,18-19). Aber achten wir darauf, daß Er schloß mit den Worten: »auszurufen das angenehme Jahr des Herrn«. Er las nicht weiter bis zu dem Ausdruck: »und den Tag der Rache unseres Gottes«. Warum? Weil Sein erstes Kommen das angenehme Jahr des Herrn einleitete. Sein zweites Kommen wird den »Tag der Rache unseres Gottes« einleiten.

Eine ähnliche Illustration der beiden Kommen finden wir in Psalm 34,15-16:

»Die Augen des Herrn sind gerichtet auf die Gerechten und seine Ohren auf ihr Schreien; denen, die Böses tun, steht das Angesicht des Herrn entgegen, um ihr Gedächtnis von der Erde zu tilgen.«

Wenn Petrus diese Verse in 1. Petr. 3,12 zitiert, hält er inne vor den Worten »um ihr Gedächtnis von der Erde zu tilgen«. Der gesamte Rest des Zitats bezieht sich auf die Zeit, in der wir jetzt leben; die oben zitierte Aussage aber weist auf das zweite Kommen Christi hin.

Der Prophet Micha prophezeite, Bethlehem würde die Geburtsstätte des Messias sein (Micha 5,1):

»Und du, Bethlehem — Ephrata, zu klein, um unter den Tausenden von Juda zu sein, aus dir wird mir hervorkommen, der Herrscher über Israel sein soll; und seine Ausgänge sind von der Urzeit, von den Tagen der Ewigkeit her.«
Dann springt Micha über zu dem zweiten Kommen Christi, wenn Er groß sein wird bis an die Enden der Erde (Micha 5,3):
»Und er wird dastehen und seine Herde weiden in der Kraft des Herrn, in der Hoheit des Namens des Herrn, seines Gottes. Und sie werden wohnen; denn nun wird er groß sein bis an die Enden der Erde.«
In Sacharja 9,9 haben wir eine klare Voraussage von Christi triumphalem Einzug in Jerusalem:
»Frohlocke laut, Tochter Zion; jauchze Tochter Jerusalem! Siehe dein König wird zu dir kommen: gerecht und ein Retter ist er, demütig und auf einem Esel reitend, und zwar auf einem Füllen, einem Jungen der Eselin.«
Der nächste Vers führt uns weiter zu dem zweiten Kommen, wenn Christus herrschen wird von Meer zu Meer:
»Und ich werde die Wagen ausrotten aus Ephraim, und die Rosse aus Jerusalem, und der Kriegsbogen wird ausgerottet werden. Und er wird Frieden reden zu den Nationen; und seine Herrschaft wird sein von Meer zu Meer, und vom Strome bis an die Enden der Erde.«
Die Verschmelzung der beiden Kommen finden wir im Neuen genauso wie im Alten Testament. Nehmen wir als Beispiel Luk. 1,31-33:
»Und siehe, du wirst guter Hoffnung werden und einen Sohn gebären, und du sollst ihm den Namen Jesus geben. Dieser wird groß sein und Sohn des Höchsten genannt werden; und der Herr, Gott, wird ihm den Thron seines Vaters David geben; und er wird über das Haus Jakobs herrschen ewiglich, und seines Königtums wird kein Ende sein.«
Der erste Vers wurde offensichtlich erfüllt, als der Herr Jesus geboren wurde (s. Matth. 1,25). Die Verse 32 und

33 aber gehen über das gegenwärtige Zeitalter der Gemeinde hinaus in die Zeit, wenn Christus wiederkommen wird, um auf dem Thron Davids zu sitzen und über die Erde zu herrschen.
In Luk. 20,18 findet sich eine verschleierte Bezugnahme auf die beiden Kommen:
»Jeder, der auf jenen Stein fällt, wird zerschmettert werden; auf welchen irgend er aber fallen wird, den wird er zermalmen.«
Im ersten Teil des Verses ist der Stein (Christus) auf der Erde. Als er Mensch war, fielen Menschen auf ihn und wurden zerschmettert. In der zweiten Hälfte des Verses fällt der Stein von oben herunter. Wenn Christus wiederkommt, wird Er die Ungehorsamen zerstreuen wie Staub.
Ein letztes und noch klareres Beispiel einer Kombination der beiden Kommen findet sich in Hebr. 9,26 u. 28:
»... sonst hätte er oftmals leiden müssen von Grundlegung der Welt an; jetzt aber ist er einmal in der Vollendung der Zeitalter offenbar geworden, um durch sein Opfer die Sünde aufzuheben«. ... »so wird auch der Christus, nachdem er einmal geopfert worden ist, um vieler Sünden zu tragen, zum zweiten Male ohne Sünde denen zum Heil erscheinen, die ihn erwarten«.
Er erschien einmal, um die Sünde abzuschaffen durch Sein Opfer; das war Sein erstes Kommen. Beim zweiten Mal wird Er ohne Sünde erscheinen zur Seligkeit; das wird sein, wenn Er wiederkommt.

3. Phasen der Wiederkunft Christi

In dem vorherigen Kapitel haben wir die Notwendigkeit, zwischen der ersten und der zweiten Ankunft Christi zu unterscheiden, gesehen. Die erste ist bereits Geschichte: sie fand vor fast zweitausend Jahren statt. Die zweite ist noch zukünftig.

Es ist aber notwendig, klar zu erkennen, daß das zweite Kommen Christi kein Augenblicksereignis ist. Es erstreckt sich vielmehr über eine gewisse Zeitspanne und beinhaltet vier Stadien oder Phasen. Die unterschiedlichen Phasen wollen wir in diesem Kapitel aufzeigen.

In der Originalsprache des Neuen Testamentes hat das übliche Wort für »Ankunft« die Bedeutung von »anwesend sein« oder »dazukommen«. Es kennzeichnet eine Ankunft und die darauffolgende Anwesenheit. Gewöhnlich wurde es in Verbindung mit der Ankunft und dem Besuch eines Königs gebraucht.

In der deutschen Sprache wird der Ausdruck »das Kommen« in ähnlicher Weise gebraucht. Z.B. brachte *das Kommen* Christi nach Galiläa den Volksmengen Heilung. Hiermit ist nicht einfach der Tag Seiner Ankunft in Galiläa gemeint, sondern die ganze Zeitperiode, die Er in dieser Gegend war.

Wenn wir uns das zweite Kommen Christi vergegenwärtigen, dürfen wir deshalb nicht an ein isoliert dastehendes Ereignis denken, sondern vielmehr an eine Zeitperiode. Diese Periode hat folgende Stadien:

1. Einen Anfang
2. Einen Fortgang
3. Eine Offenbarung
4. Einen Höhepunkt

1. Der Anfang des Wiederkommens Christi

Das Wiederkommen Christi beginnt mit der Entrückung, das ist das Kommen des Herrn *für* Seine Heiligen. Er wird in die Lufthülle der Erde kommen, die Toten in Christus werden auferweckt, die lebenden Gläubigen werden verwandelt, und alle werden sie in das Vaterhaus gehen. Dies kann jederzeit stattfinden und wird nur einen Augenblick an Zeit benötigen.

1. Kor. 15,22 u. 23: »Denn wie in Adam alle sterben, so werden auch in Christus alle lebendig gemacht werden. Jeder aber in seiner eigenen Ordnung: der Erstling, Christus, sodann die, welche Christus gehören bei seiner Ankunft.«

1. Thess. 4,13-18: »Wir wollen euch aber, Brüder, nicht in Unkenntnis lassen über die Entschlafenen, damit ihr nicht betrübt seid wie die Übrigen, die keine Hoffnung haben. Denn wenn wir glauben, daß Jesus gestorben und auferstanden ist, wird auch Gott ebenso die Entschlafenen durch Christus mit ihm bringen. Denn dies sagen wir euch in einem Wort des Herrn, daß wir, die Lebenden, die übrigbleiben bis zur Ankunft des Herrn, den Entschlafenen keineswegs zuvorkommen werden. Denn der Herr selbst wird beim Befehlsruf, bei der Stimme eines Erzengels und bei dem Schall der Posaune Gottes herabkommen vom Himmel, und die Toten in Christus werden zuerst auferstehen; danach werden wir, die Lebenden, die übrigbleiben, zugleich mit ihnen entrückt werden in Wolken dem Herrn entgegen in die Luft; und so werden wir allezeit beim Herrn sein. So ermuntert nun einander mit diesen Worten.«

2. Thess. 2,1: »Wir bitten euch aber Brüder, wegen der Ankunft unseres Herrn Jesus Christus und unserer Vereinigung mit ihm ...«

Jak. 5,7-8: »Habt nun Geduld, Brüder, bis zur Ankunft des Herrn! Siehe der Ackersmann wartet auf die köstliche Frucht der Erde und hat Geduld ihretwegen, bis sie den Früh- und Spätregen empfange. Habt auch ihr Geduld, befestigt eure Herzen, denn die Ankunft des Herrn ist nahe gekommen.«

1. Joh. 2,28: »Und nun Kinder bleibt in ihm, damit wir,

wenn er geoffenbart werden wird, Freimütigkeit haben und nicht vor ihm beschämt werden bei seiner Ankunft.« Andere Textstellen, die sich auf die Entrückung beziehen, sind: Joh. 14,1-4; 1.Kor. 15,51-54; Phil. 3,20 u. 21; 1.Thess. 1,10; Hebr. 9,28; 1.Joh. 3,2; Offbg. 22,7 u. 20.

2. Der Fortgang des Kommens Christi

Die zweite Phase, der Fortgang des Kommens Christi, beinhaltet den Richterstuhl Christi, an dem die Gläubigen für treue Dienste belohnt werden.
1. Thess. 2,19: »Denn wer ist unsere Hoffnung oder Freude oder Ruhmeskranz — nicht auch ihr? — vor unserem Herrn Jesus bei seiner Ankunft?«
1. Thess. 5,23: »Er selbst aber, der Gott des Friedens, heilige euch völlig; und vollständig möge euer Geist und Seele und Leib untadelig bewahrt werden bei der Ankunft unseres Herrn Jesus Christus.«
Vgl. auch Röm. 14,10-12; 1.Kor. 3,11-15; 2.Kor. 5,10; 2.Tim. 4,7 u. 8.
Ein anderes Ereignis, welches sicherlich ebenfalls zu dieser Phase des Kommens Christi gehört, ist das Hochzeitsmahl des Lammes. Es hat seinen Platz zeitlicher Einordnung, den wir im Buch der Offenbarung erkennen können, vor der ruhmreichen Herrschaft Christi. Wir schließen das Mahl hier ein, obwohl das Wort »Wiederkunft« in diesem Zusammenhang nicht gebraucht wird.
Offbg. 19,6-9: »Und ich hörte etwas wie eine Stimme einer großen Volksmenge und wie ein Rauschen vieler Wasser und wie ein Rollen starker Donner, die sprachen: Halleluja! Denn der Herr, unser Gott, der Allmächtige, hat die Herrschaft angetreten. Laßt uns fröhlich sein und frohlocken und ihm die Ehre geben; denn die Hochzeit des Lammes ist gekommen, und sein Weib hat sich bereitgemacht. Und ihr wurde gegeben, daß sie sich kleide in feine Leinwand, glänzend und rein; denn die feine Leinwand sind die gerechten Taten der Heiligen. Und er spricht

zu mir: Schreibe: Glückselig, die geladen sind zum Hochzeitsmahl des Lammes! Und er spricht zu mir: Dies sind die wahrhaftigen Worte Gottes.«
Während diese Ereignisse im Himmel stattfinden, herrscht auf der Erde eine Zeit großer Drangsal. Sie umfaßt eine Zeitspanne von etwa sieben Jahren, während derer Gott die Erde in immer stärker werdenden Gerichten richtet (Dan. 9,27; Matth. 24,4-28; Offbg. 6 - 19). Die letzte Hälfte dieser Zeitspanne ist bekannt als *»die große Trübsal«*. Sie ist gekennzeichnet von bis dahin ungekannter Not und Unglück (Matth. 24,15-31).

3. Die Offenbarung des Kommens Christi

Die dritte Phase ist die sichtbare Erscheinung Christi, d.h. seine Rückkehr zur Erde in Macht und großer Herrlichkeit, um zu herrschen als der König der Könige und der Herr der Herren.
Die Entrückung wird für die Welt nicht sichtbar sein, sie wird in einem Nu, dem Bruchteil einer Sekunde stattfinden. Aber jedes Auge wird den Christus sehen, wenn Er kommt, um hier zu herrschen. Deswegen wird dieses Kommen die »Offenbarung der Ankunft Christi« genannt. Dies ist die dritte Phase Seines Kommens.
Matth. 24,3: »Als er aber auf dem Ölberg saß, traten seine Jünger für sich allein zu ihm und sprachen: Sage uns, wann wird das sein, und was ist das Zeichen deiner Ankunft und der Vollendung der Weltzeit?«
Matth. 24,27: »Denn wie der Blitz ausfährt von Osten und bis nach Westen leuchtet, so wird die Ankunft des Sohnes des Menschen sein.«
Matth. 24,37: »Aber wie die Tage Noahs waren, so wird auch die Ankunft des Sohnes des Menschen sein.«
Matth. 24,39: »Und sie erkannten es nicht, bis die Flut kam und alle wegraffte, so wird auch die Ankunft des Sohnes des Menschen sein.«
1. Thess. 3,13: »Um eure Herzen zu festigen, untadelig

in Heiligkeit zu sein vor unserem Gott und Vater bei der Ankunft unseres Herrn Jesus Christus mit allen seinen Heiligen.«

2. Thess. 2,8: »Dann wird der Gesetzlose geoffenbart werden, den der Herr Jesus verzehren wird durch den Hauch seines Mundes und vernichten durch die Erscheinung seiner Ankunft.«

2. Petr. 1,16: »Denn wir haben euch die Macht und Ankunft unseres Herrn Jesus Christus nicht kundgetan, indem wir ausgeklügelten Fabeln folgten, sondern weil wir Augenzeugen seiner herrlichen Größe gewesen sind.« (Hier spricht Petrus über die sichtbare Erscheinung Christi, wie sie vorgezeichnet wurde auf dem Berg der Verklärung.) Andere Stellen, die sich auf diese dritte Phase des Wiederkommens Christi beziehen, sind: Sach. 14,4; Mal. 4,1-3; Apg. 1,11; 2.Thess. 1,7-9; Judas 14; Offbg. 1,7; 19,11-16.

4. Der Höhepunkt des Kommens Christi

Die letzte Phase ist der Höhepunkt der Wiederkehr Christi, die Zerstörung von Himmel und Erde durch Feuer. Dies wird nach der tausendjährigen Herrschaft Christi auf der Erde sein. In 2. Petr. 3,4 und 7-13 wird darauf Bezug genommen:

»Sie sagen: Wo ist die Verheißung seiner Ankunft? Denn seitdem die Väter entschlafen sind, bleibt alles so von Anfang der Schöpfung an ... Die jetzigen Himmel und die jetzige Erde aber sind durch dasselbe Wort aufbewahrt und für das Feuer aufgehoben zum Tag des Gerichts und des Verderbens der gottlosen Menschen. Dies eine aber sei euch nicht verborgen, Geliebte, daß beim Herrn ein Tag ist wie tausend Jahre und tausend Jahre wie ein Tag. Der Herr verzögert nicht die Verheißung, wie es einige für eine Verzögerung halten, sondern er ist langmütig euch gegenüber, da er nicht will, daß irgendwelche verloren gehen, sondern daß alle zur Buße kommen. Es wird aber der Tag des Herrn kommen wie ein Dieb; an ihm werden die Himmel mit gewaltigem Geräusch vergehen, die Elemente aber werden im Brand aufgelöst und die Erde und die Werke auf ihr nicht gefunden werden. Da dies alles so aufgelöst wird, was für Leute müßt ihr dann sein in heiligem Wandel und Gottseligkeit, indem ihr die Ankunft des Tages Gottes erwartet und beschleunigt, um dessentwillen die Himmel in Feuer geraten und aufgelöst und die Elemente im Brand zerschmelzen werden. Wir erwarten aber nach seiner Verheißung neue Himmel und eine neue Erde, in denen Gerechtigkeit wohnt.«

In diesem Kapitel lesen wir von Spöttern, die in den letzten Tagen auftreten werden, die die Wahrscheinlichkeit der Wiederkehr Christi verneinen. Welchen Aspekt Seines Kommens meinen sie wohl?

Beziehen sie sich auf die Entrückung? Nein! Wahrscheinlich wissen sie nichts über die Entrückung. Meinen sie Christi Wiederkehr um zu herrschen? Nein! Es ist offensichtlich, daß sie das nicht meinen. Der Gesamtzusammenhang zeigt, daß sie sich lustig machen über die am Ende stehende Bestrafung aller Übeltäter durch Gott. Sie meinen das letzte, höhepunktartige Gericht Gottes über die Erde, was sie auch »das Ende der Welt« nennen. Ihr Argument ist, daß sie nichts zu befürchten haben. Sie sagen: »Gott hat bisher nicht in die Geschichte eingegriffen, und er wird auch künftig nicht in die Geschichte eingreifen.« So fühlen sie sich frei, in ihren bösen Worten und Taten weiterzumachen.

Petrus beantwortet ihren Spott mit einem Verweis auf einen Zeitpunkt nach der tausendjährigen Herrschaft Christi, wenn die Himmel und die Erde, wie wir sie kennen, gänzlich zerstört werden. Der Höhepunkt des Kommens Christi liegt also nach dem tausendjährigen Reich und zu Beginn des ewigen Zustandes der Ewigkeit.

Aber, so mögen manche fragen, wie kann man wissen, daß die erste und zweite Phase, die Entrückung und die Offenbarung getrennte Ereignisse sind? Die Antwort liegt in den Unterscheidungen, die die Schrift selbst auf folgende Weise trifft:

	Die Entrückung	Die Offenbarung
1.	Christus kommt in die Lufthülle 1. Thess. 4,16 u. 17	Er kommt auf die Erde Sach. 14,4
2.	Er kommt *für* Seine Heiligen 1. Thess. 4,16 u. 17	Er kommt *mit* Seinen Heiligen 1. Thess. 3,13; Judas 14;
3.	Die Entrückung ist ein Geheimnis, d.i. eine zur Zeit des Alten Testamentes unbekannte Wahrheit 1. Kor. 15,51	Das sichtbare Kommen Christi ist kein Geheimnis, es ist das Thema vieler alttestamentlicher Prophezeiungen; Ps. 72. Jes. 11; Sach. 14;
4.	Dem Kommen Christi *für* Seine Heiligen werden keine Zeichen am Himmel vorausgehen.	Christi Kommen *mit* Seinen Heiligen wird angekündigt werden durch Zeichen am Himmel. Matth. 24,19 u. 30
5.	Die Entrückung wird gleichgesetzt mit dem Tag Christi; 1. Kor. 1,8; 2. Kor. 1,14; Phil. 1,6 u. 10	Die Offenbarung wird gleichgesetzt mit dem Tag des Herrn; 2. Thess. 2,1-12
6.	Die Entrückung wird dargestellt als Zeit der Segnung; 1. Thess. 4,18	Der Akzent der Offenbarung liegt auf dem Gericht; 2. Thess. 2,8-12
7.	Die Entrückung findet in einem Nu, in einem Augenblick statt; 1. Kor. 15,52; Dieses schließt klar ein, daß sie nicht von der Welt gesehen wird.	Das Offenbarwerden wird weltweit sichtbar sein Matth. 24,27; Offbg. 1,7
8.	Die Entrückung schließt in erster Linie die Gemeinde ein; Joh. 14,1.4; 1. Kor. 15,51-58; 1. Thess. 4,13-18	Die Offenbarwerdung schließt in erster Linie Israel ein, dann auch die Nationen Matth. 24, 1-25.46
9.	Christus kommt als Bräutigam und als der glänzende Morgenstern; Offbg. 22,16	Christus kommt als die Sonne der Gerechtigkeit mit Heilung in ihren Flügeln; Mal. 4,2

4. Gesetz und Gnade

Gesetz und Gnade sind zwei gegensätzliche Wege, auf denen Gott an der Menschheit handelt. Wir können sie als unterschiedliche Prinzipien bezeichnen, mit denen Er die Menschheit erprobt.

Wir können auch zwei unterschiedliche Bündnisse darunter verstehen, die Er mit Seinem Volk geschlossen hat: »Denn das Gesetz wurde durch Mose gegeben, die Gnade und die Wahrheit ist durch Jesus Christus geworden« (Joh. 1,17).

Nach dem Prinzip des Gesetzes bekommt der Mensch das, was er verdient. Durch die Gnade wird ihm nicht das gegeben, was er verdient, sondern er wird stattdessen unbeschreiblich reich gemacht — alles umsonst. Die zwei Prinzipien werden in Röm. 4,4 u. 5 beschrieben: »Dem aber, der Werke tut, wird der Lohn nicht angerechnet nach Gnade, sondern nach Schuldigkeit. Dem dagegen, der nicht Werke tut, sondern an den glaubt, der den Gottlosen rechtfertigt, wird sein Glaube zur Gerechtigkeit gerechnet.«

Gnade und Gesetz schließen sich gegenseitig aus, d.h. sie sind nicht vermischbar. »Wenn aber durch Gnade, so nicht mehr aus Werken; sonst ist die Gnade nicht mehr Gnade« (Röm. 11,6).

»Gesetz« ist ein Bund mit Bedingungen:

Gott sagt: »Wenn ihr gehorcht, werde ich euch belohnen, wenn ihr aber nicht gehorcht, muß ich euch bestrafen.«

»Gnade« ist ein Bündnis ohne Bedingungen: Gott sagt: »Ich werde euch umsonst segnen.«

Während das Gesetz sagt: *Handle!,* sagt die Gnade: *Glaube!* Glaube ist eigentlich aber keine Bedingung, es ist die einzig vernünftige Antwort eines Geschöpfes an seinen Schöpfer. Sie ist kein Verdienst; keiner kann stolz darauf sein, daß er Gott geglaubt hat. Er müßte ja ein Narr sein, nicht an die einzig zuverlässige Person des Universums zu glauben.

Unter dem Gesetz ist Heiligkeit erforderlich; um aber ein

heiliges Leben zu führen, hat man keine Kraft. Unter der Gnade werden wir in der Heiligkeit unterwiesen (Tit. 2,11 u. 12) und bekommen auch die nötige Kraft. Jemand hat es einmal so ausgedrückt: »Das Gesetz verlangt Stärke von dem, der sie nicht hat und verflucht ihn, wenn er deswegen das Gesetz nicht halten kann. Die Gnade gibt dem Stärke, der sie nicht hat, und segnet ihn durch die Entfaltung desselben.«

Das Gesetz bringt Fluch: »Verflucht ist jeder, der nicht bleibt in allem, was im Buch des Gesetzes geschrieben ist, um es zu tun« (Gal. 3,10).

Die Gnade bringt Segen: »Sie werden umsonst gerechtfertigt durch seine Gnade, durch die Erlösung, die in Christus Jesus ist« (Röm. 3,24).

Das Gesetz bringt Eigenlob hervor, aber unter der Gnade ist der Ruhm völlig ausgeschlossen. »Wo ist denn der Ruhm? Er ist ausgeschlossen worden. Durch was für ein Gesetz? Der Werke? Nein, sondern durch das Gesetz des Glaubens« (Röm. 3,27). Unter dem Gesetz kann es keine Heilsgewißheit geben; ein Mensch könnte nie wissen, ob er genügend oder die richtige Art guter Werke getan hat. In der Gnade gibt es völlige Gewißheit, weil die Errettung ein Geschenk ist; man weiß es schließlich, wenn man ein Geschenk bekommen hat!

Derjenige, der unter dem Gesetz steht, kann keine echte Sicherheit haben, weil er nicht garantieren kann, auch künftig die Bedingungen zu erfüllen. Unter der Gnade erfreut sich der Glaubende ewiger Sicherheit (Joh. 10,27-29), weil seine Errettung nur vom Werk Christi abhängt.

Es gibt keine Errettung durch das Gesetz. Gott hat nie beabsichtigt, daß jemand aufgrund dieses Prinzips gerettet werden würde. Der Sinn des Gesetzes besteht darin, dem Menschen zu zeigen, daß er ein Sünder ist:

»... durch Gesetz kommt Erkenntnis der Sünde« (Röm. 3,20) — und nicht Erkenntnis der Errettung.

Errettung geschieht durch Gnade (Eph. 2,8 u. 9). Sie ist das freie, unverdiente Geschenk Gottes an die, welche den

Herrn Jesus Christus als ihre einzige Hoffnung für den Himmel annehmen.

Unter dem Gesetz ist die Sünde aufgelebt (Röm. 7,8-13). Unter der Gnade wird sie verschmäht. Wenn der sündige Mensch unter das Gesetz gestellt wird, möchte er sofort das tun, was verboten ist. Das ist nicht der Fehler des Gesetzes, sondern die Antwort der Sünde in der Natur des Menschen. Unter der Gnade wird die Sünde verachtet. Die Erinnerung daran, was unsere Sünden den Herrn kosteten, veranlaßt uns, uns von ihnen abzuwenden.

Unter dem Gesetz hören Anstrengungen nie auf. Aus diesem Grund folgte der Sabbath als siebter Tag einer Woche anstrengender Arbeit. Die Gnade spricht von einem vollbrachten Werk, deshalb beginnen wir unsere Woche mit dem Tag des Herrn, unserem Tag der Ruhe.

Das Gesetz schreibt vor, was der Mensch zu tun hat. Die Gnade zeigt uns, was Gott in Christus getan hat.

Das Gesetz ist ein System der Knechtschaft (Gal. 4,1-3), Gnade ist ein System der Freiheit (Gal. 5,1). Menschen unter dem Gesetz sind Knechte, Menschen unter der Gnade sind Söhne.

Das Gesetz sagt: »Ihr sollt lieben...« Die Gnade sagt: »So hat Gott geliebt.«

Das Gesetz sagt: »Tue dies, und du wirst leben« — die Gnade sagt: »Lebe, und du wirst es tun«.

Das Gesetz sagt: »Versuche es selbst und gehorche« — die Gnade sagt: »Vertraue und gehorche«.

Unter dem Gesetz wurde ein widerspenstiger Sohn aus der Stadt herausgebracht und zu Tode gesteinigt (2.Mose 21,18-21). Unter der Gnade kann der verlorene Sohn seine Sünde bekennen und wieder in die Gemeinschaft des Vaterhauses zurückkommen (Luk. 15,21-24).

Unter dem Gesetz sterben die Schafe für den Hirten. Unter der Gnade stirbt der Hirte für die Schafe (Joh. 10,11).

Die Überlegenheit der Gnade ist einmal wie folgt beschrieben worden: »Die Gnade hält nicht Ausschau nach guten Menschen, die sie akzeptieren kann, sondern sie hält Ausschau nach verurteilten, schuldigen, sprach- und hilflosen Menschen, um sie zu retten, zu heiligen und zu verherrlichen.«

5. Drei Zeitformen der Errettung

Wenn wir Christen werden, können die meisten von uns sich nur eine Art von Errettung vorstellen — nämlich die Errettung unserer Seelen. Beim Bibelstudium versuchen wir automatisch, diese Bedeutung jedesmal da einzusetzen, wo das Wort Errettung auftaucht. Wir merken aber bald, daß das nicht in jeden Zusammenhang paßt.
Dann kommen wir zu der Einsicht, daß Errettung ein sehr allgemeines Wort ist, das Erlösung, gewonnene Sicherheit oder Heil bedeuten kann. In Phil. 1,19 z.B. bezieht Paulus es auf seine erwartete Entlassung aus dem Gefängnis: »Denn ich weiß, daß dies mir zum *Heil* ausschlagen wird durch euer Gebet und durch den Beistand des Geistes Jesu Christi.«
In Phil. 2,12 meint Errettung etwas völlig anderes; es bedeutet die Lösung eines Problems, das in der Gemeinde in Philippi aufgetreten war. Ein ernster Fall von Uneinig keit war eingetreten (Phil. 2,1-4; 4,2). Paulus erinnert die Christen daran, daß die Antwort auf das Problem für alle darin lag, die demütige, sich selbst verleugnende Gesinnung des Herrn Jesus zu haben. In Vers 12 sagt er dann: »Daher meine Geliebten, wie ihr allezeit gehorsam gewesen seid, nicht nur in meiner Gegenwart, sondern jetzt noch viel mehr in meiner Abwesenheit, bewirkt euer *Heil* mit Furcht und Zittern.« Mit anderen Worten: Ich habe euch den Weg der Lösung des Problems, das euch gequält hat, gezeigt. Jetzt verwirklicht diese Lösung mit Furcht und Zittern.
Drei Textabschnitte gebrauchen das Wort Errettung als Ausdruck der Rettung vor dem Ertrinken:
»Als aber die Matrosen aus dem Schiff zu fliehen suchten und das Boot unter dem Vorwand, als wollten sie vom Vorderschiff Anker auswerfen, in das Meer hinabließen, sprach Paulus zu dem Hauptmann und den Soldaten: Wenn diese nicht im Schiff bleiben, könnt ihr nicht gerettet werden« (Apg. 27,30 u. 31).

»Durch Glauben bereitete Noah, als er eine göttliche Weisung über das, was noch nicht zu sehen war, empfangen hatte, von Furcht bewegt, eine Arche zur Rettung seines Hauses« (Hebr. 11,7).
»In diesem ist er auch hingegangen und hat den Geistern im Gefängnis gepredigt, die einst ungehorsam waren, als die Langmut Gottes in den Tagen Noahs abwartete, während die Arche gebaut wurde, in die wenige, das sind acht Seelen, durchs Wasser hindurch gerettet wurden« (1.Petr. 3,19).
Die Stellen aber, die die Worte »Errettung« oder »gerettet« gebrauchen — und für die wir uns jetzt eigentlich interessieren — handeln von der Befreiung von Sünde. Das ist die häufigste Bedeutung im Neuen Testament. Wir müssen hier lernen, drei Zeitformen von »Errettung« zu unterscheiden: Vergangenheit, Gegenwart und Zukunft:
Vergangenheit — ich bin gerettet worden vor der Strafe der Sünde.
Gegenwart — ich werde ständig neu gerettet vor der Macht der Sünde.
Zukunft — ich werde gerettet werden von der Anwesenheit der Sünde.

Vergangenheitsform

Nachstehend folgen einige Verse, die in erster Linie von der Errettung von der Strafe für die Sünde sprechen:
»Denn aus Gnade seid ihr errettet durch Glauben, und das nicht aus euch, Gottes Gabe ist es« (Eph. 2,8);
»Gott hat uns errettet und berufen mit heiligem Ruf, nicht nach unseren Werken, sondern nach seinem eigenen Vorsatz und der Gnade, die uns in Christus Jesus vor ewigen Zeiten gegeben (worden ist)« (2.Tim. 1,9).
»Gott errettete uns, nicht aus Werken, die, in Gerechtigkeit vollbracht, wir getan hatten, sondern nach seiner Barmherzigkeit durch die Waschung der Wiedergeburt und Erneuerung des Heiligen Geistes« (Tit. 3,5).

Anmerkung: In diesen drei Beispielen steht das Wort »errettet« in der Vergangenheitsform. Es gibt auch andere Verse, die von unserer Befreiung von der Strafe der Sünde sprechen, in denen das Verb nicht in der Vergangenheitsform gebraucht ist.
»Und es ist in keinem anderen das Heil; denn auch kein anderer Name unter dem Himmel ist dem Menschen gegeben, in dem wir errettet werden müssen« (Apg. 4,12).
»Das ist das Wort des Glaubens, das wir predigen, daß, wenn du mit deinem Munde Jesus als deinen Herrn bekennen und in deinem Herzen glauben wirst, daß Gott ihn aus den Toten auferweckt hat, du errettet werden wirst« (Röm. 10,9). Die Entscheidung, ob es sich um vergangene Errettung handelt, ist also nicht so sehr an der Zeitform des Verbes, sondern vielmehr durch den Inhalt der Verse zu fällen. Wenn sie die ein-für-alle-malige Befreiung von dem Urteil über die Sünde zum Inhalt haben, dann handelt es sich um vergangene Errettung.

Gegenwartsform

So wie es Tatsache ist, daß ich errettet worden bin, ist es doch genauso wahr, daß ich Tag für Tag gerettet werde. Ich bin aus der Verdammung errettet worden; ich werde vor Schaden gerettet. Ich bin errettet worden von der Strafe der Sünde, ich werde (ständig) gerettet von der Macht der Sünde. Ich bin errettet durch das vollbrachte Werk Christi am Kreuz; ich werde gerettet durch Sein Leben und durch Seine Fürsprache für mich zur Rechten Gottes. Das wird z.B. ausgedrückt in Röm. 5,10: »Denn wenn wir, als wir Feinde waren, mit Gott versöhnt wurden durch den Tod seines Sohnes, so werden wir viel mehr, da wir versöhnt sind, durch sein Leben gerettet werden.«
Die Gegenwartsform des Wortes »Errettung« meint Heiligung — den Vorgang des Abgesondertwerdens für Gott von Sünde und Befleckung. Über diese Errettung als kontinuierlichen Vorgang lesen wir in Hebr. 7,25: »Daher

kann er auch völlig erretten, die durch ihn Gott nahen, weil er immer lebt, um sich für sie zu verwenden.«

Zukunftsform

Schließlich gibt es noch den Zukunftsaspekt der Errettung. Wenn wir unseren Erretter von Angesicht zu Angesicht sehen, werden wir von der Anwesenheit der Sünde errettet werden. Unsere Leiber werden errettet und verherrlicht werden. Die folgenden Verse beschreiben die herrliche, zukünftige Erfüllung unserer Errettung:
»Und dies noch, da wir die Zeit erkennen, daß die Stunde schon da ist, aus dem Schlafe aufzuwachen, denn jetzt ist unsere Errettung näher, als da wir zum Glauben kamen« (Röm. 13,11).
»Wir aber, die wir dem Tag gehören, wollen nüchtern sein, angetan mit dem Brustpanzer des Glaubens und der Liebe und als Helm mit der Hoffnung des Heils. Denn Gott hat uns nicht zum Zorn bestimmt, sondern zum Erlangen des Heils durch unseren Herrn Jesus Christus« (1.Thess. 5,8 u. 9) (Heil = Errettung).
»So wird auch der Christus, nachdem er einmal geopfert worden ist, um vieler Sünden zu tragen, zum zweiten Male ohne Sünden denen zum Heil erscheinen, die ihn erwarten« (Hebr. 9,28) (Heil = Errettung).
»Die ihr in der Kraft Gottes durch den Glauben bewahrt werdet zur Errettung, die bereit ist, in der letzten Zeit geoffenbart zu werden« (1.Petr. 1,5).

Alle drei Zeitformen

Wenn du Schwierigkeiten hast, einen Bibelvers in eine dieser drei Zeitgruppen einzuordnen, bedenke, daß er auch zu jeder anderen Gruppe gehören könnte. Hier ein Beispielspaar:
»Und sie wird einen Sohn gebären, und du sollst seinen Namen Jesus heißen; denn er wird sein Volk erretten von ihren Sünden« (Matth. 1,21).

»In ihm seid auch ihr, nachdem ihr das Wort der Wahrheit, das Evangelium eures Heils, gehört habt und gläubig geworden seid, versiegelt worden mit dem Heiligen Geist der Verheißung« (Eph. 1,13).
In solchen Fällen brauchst du nicht zu wählen, zu welcher Zeitgruppe sie gehören, weil sie gleichermaßen auf alle drei Zeitformen der Errettung angewendet werden können.

6. Richterliche und väterliche Vergebung

Wir finden zwei verschiedene Arten der Vergebung in der Bibel, und wenn wir sorgfältige Bibelleser sein wollen, müssen wir lernen, sie zu unterscheiden. Wir wollen sie richterliche und väterliche Vergebung nennen (obwohl diese Begriffe in der Schrift nicht gebraucht werden). Um es ganz einfach zu fassen: Die richterliche Vergebung ist die Vergebung, die ein *Richter* vornimmt, und väterliche Vergebung ist diejenige, die ein *Vater* zuspricht. Der erste Begriff stammt aus dem Gerichtssaal, der zweite aus einem Zuhause.

Gehen wir zunächst in den Gerichtssaal. Gott ist der Richter, und der sündige Mensch ist der Angeklagte. Der Mensch ist seiner Sünde wegen schuldig, und die Strafe ist: ewige Verdammnis. Aber der Herr Jesus erscheint und kündigt an: »Ich werde die Strafe bezahlen, die die menschliche Sünde zur Folge hat. Ich will als Stellvertreter für den Sünder sterben.« Und genau das tat der Heiland am Kreuz von Golgatha. Jetzt sagt der Richter zu dem Angeklagten: »Wenn du dich meinem Sohn als deinem Herrn und Heiland ausliefern willst, will ich dir vergeben.« Sobald der Mensch an den Erlöser glaubt, erhält er die richterliche Vergebung aller seiner Sünden. Er wird die Strafe für diese Sünden niemals in der Verdammnis zu zahlen haben, weil Christus für alles gezahlt hat. Der Sünder, der Vergebung erfahren hat, tritt jetzt in ein neues Verhältnis ein: Gott ist nicht länger sein Richter, er ist jetzt sein Vater.

Jetzt begeben wir uns in eine Familie, um väterliche Vergebung zu illustrieren. Gott ist der Vater und der Glaubende das Kind. In einem unbedachten Moment vollzieht das Kind einen Akt der Sünde. Was passiert? Verurteilt Gott das Kind dazu, für die Sünde zu sterben? Natürlich nicht! Weil Gott jetzt nicht mehr der Richter, sondern der Vater ist! Was passiert statt dessen? Die Gemeinschaft der Familie ist gestört. Die glückliche Familienatmosphäre ist verschwunden. Das Kind hat zwar nicht seine Errettung verloren, wohl aber die Freude des Heils. Bald wird es die Erziehungsmaßnahmen seines Vaters erfahren, die dazu bestimmt sind, es in die Gemeinschaft zurückzuführen. Sobald das Kind seine Sünde bekennt, erhält es die väterliche Vergebung.

Die richterliche Vergebung findet ein für allemal bei der Bekehrung statt; die väterliche Vergebung findet immer dann statt, wenn ein Glaubender seine Sünde bekennt und davon abläßt. Genau das lehrte Jesus in Joh. 13,8-10: Das Bad der Wiedergeburt ist grundsätzlich nur einmal nötig, um uns von der Strafe der Sünde zu befreien. Aber wir brauchen tägliche Waschungen im Lauf unseres Christenlebens, bei denen uns der Vater die aufkommenden Fehltritte vergibt.

Der Unterschied zwischen den beiden Arten der Vergebung kann wie folgt tabellarisch dargestellt werden:

	richterlich	**väterlich**
Die Stellung der Person	Sünder (Röm. 3,23)	Kind (1.Joh. 3,2)
Beziehung zu Gott	Richter (Ps 96,13)	Vater (Gal. 4,6)
Folge der Sünde	ewiger Tod (Röm. 6,23)	gestörte Gemeinschaft (1.Joh. 1,6)
Rolle Christi	Heiland (1.Tim. 1,15) Erretter	Hoherpriester u. Fürsprecher (Hebr. 4,14-16; 1.Joh. 2,1)
Das Bedürfnis der Person	Errettung (Apg. 16,30)	Freude des Heils (Ps. 51,12)
Mittel der Vergebung	Glaube (Apg. 16,31)	Bekenntnis (1.Joh. 1,9)
Art der Vergebung	richterlich (Röm. 8,1)	väterlich (Luk. 15,21 u.22)
verhütete Folgen	Gericht und Tod (Joh. 5,24)	Züchtigung (1.Kor. 11,31 u.32) Verlust der Belohnung am Richterstuhl des Christus (1.Kor. 3,15)
positives Ergebnis	neue Beziehung (Joh. 1,12)	erneuerte Gemeinschaft (Ps. 32,5)
Häufigkeit	einmalig — eine neue Geburt (Joh. 13,20)	viele Male — viele Fußwaschungen (Joh. 13,8)

Wenn wir von jetzt an an Verse kommen, die über die ein-für-allemal geschehene Vergebung sprechen, die uns Sündern durch das Werk Christi gewährt wurde, werden wir wissen, daß das Thema die »richterliche Vergebung« ist. Folgende Stellen sollen dies deutlich machen:

»In ihm haben wir die Erlösung durch sein Blut, die Vergebung der Übertretungen, nach dem Reichtum seiner Gnade« (Eph. 1,7).

»Seid aber zueinander gütig, mitleidig, und vergebt einander, so wie Gott in Christus euch vergeben hat« (Eph. 4,32).

»Und als ihr tot wart in den Vergehungen und in der Unbeschnittenheit eures Fleisches hat er euch mitlebendig gemacht mit ihm, indem er uns alle Vergehungen vergeben hat« (Kol. 2,13).

Andere Abschnitte der Bibel sprechen von der väterlichen Vergebung:

»Denn wenn ihr den Menschen ihre Vergehungen vergebt, so wird euer himmlischer Vater auch euch vergeben; wenn ihr aber den Menschen ihre Vergehungen nicht vergebt, so wird euer Vater auch eure Vergehungen nicht vergeben« (Matth. 6,14 u. 15).

»Und richtet nicht, und ihr werdet nicht gerichtet werden; verurteilt nicht, und ihr werdet nicht verurteilt werden. Laßt los, und ihr werdet losgelassen werden« (Luk. 6,37).

»Und wenn ihr steht und betet, so vergebt, wenn ihr etwas gegen jemand habt, damit auch euer Vater, der in den Himmeln ist, euch eure Übertretungen vergebe« (Mark. 11,25).

Bemerken wir, daß in zweien dieser Verse von Gott ausdrücklich als vom Vater gesprochen wird: es ist die Vergebung des Vaters, um die es hier geht.

Merken wir uns außerdem, daß die für uns nötige Vergebung von unserer Bereitschaft abhängt, anderen zu vergeben. Das trifft nicht auf die richterliche Vergebung zu; die Bereitschaft, anderen zu vergeben, ist keine Bedingung für die Errettung. Aber sie ist von Bedeutung für die väterliche Vergebung; unser Vater wird uns nicht vergeben, wenn wir uns nicht gegenseitig vergeben.

In Matth. 18,23-35 erzählt Jesus die Geschichte des Knechtes, dem 10000 Talente Schulden vom König erlassen worden waren. Derselbe Knecht wollte aber einem seiner Knechte nicht einmal eine Schuld von 100 Denaren erlassen. Der König wurde deshalb über ihn zornig und übergab ihn den Folterknechten, bis er seine Schulden bezahlt hatte. Der Herr Jesus beendete das Gleichnis mit den Worten: »So wird auch mein himmlischer Vater euch tun, wenn ihr nicht ein jeder seinem Bruder von Herzen vergebt.« Hier ist es wieder väterliche Vergebung. Es ist Sünde, einen unversöhnlichen Geist zu haben, und Gott kann uns nicht väterlich vergeben, bis wir diese Sünde bekennen und von ihr ablassen.

Eines der schönen Erlebnisse beim Bibelstudium ist es, grundlegende Unterschiede zu erkennen und sie richtig einordnen zu können. Wenn du also jetzt auf das Thema Vergebung stößt in der Bibel, solltest du in der Lage sein, zu sagen »das gehört zu der richterlichen Vergebung« oder aber »das muß die väterliche Vergebung für Sein Kind betreffen«.

7. Arten der Heiligung

Das Wort »heiligen« meint »absondern«. Es gibt eine ganze Wortfamilie mit dem gleichen Bedeutungsursprung: heiligen, Heiligung, heilig, Heiliger, Heiligkeit, weihen ... Sehr oft meint Heiligung den Prozeß der Trennung von niedrigen oder unreinen Gewohnheiten weg hin zum Dienst für Gott. Aber nicht immer trifft das zu. Erinnert man sich nur an die Definition: heiligen gleich »absondern«, hat man eine Erklärung, die in jeden Zusammenhang paßt.
Im Alten Testament heiligte Gott den siebten Tag (1.Mose 2,3).
Der Erstgeborene von Menschen und vom Vieh wurde dem Herrn geheiligt (2. Mose 13,2).
Die Priester mußten sich dem Herrn heiligen (2.Mose 19,22).
Das Zelt der Zusammenkunft und all seine Geräte wurden geheiligt (2.Mose 40,9).
Im Neuen Testament wird der Begriff »Heiligung« in erster Linie im Blick auf Menschen gebraucht. Allerdings sagt der Herr Jesus, daß der Tempel das Gold des Tempels heiligt und daß der Altar die Gabe auf ihm heiligt (Matth. 23,17 u. 19).
Paulus lehrte, daß dadurch, daß wir für unsere Speisen danken, sie durch Gottes Wort und durch Gebet geheiligt werden (1.Tim. 4,5).
Betrachten wir die Heiligung von Menschen, sehen wir zunächst, daß Gott den Christus heiligte und Ihn in die Welt sandte (Joh. 10,36), d.h., der Vater sonderte Seinen Sohn für die Aufgabe ab, uns von unseren Sünden zu erlösen.
Jesus heiligte sich selbst (Joh. 17,19), mit anderen Worten, Er sonderte sich selbst ab, um für Sein Volk eintreten zu können.
Es gibt sogar den Fall, daß bestimmte Ungläubige geheiligt werden. »Der ungläubige Mann ist durch die Frau geheiligt, und die ungläubige Frau ist durch den Bruder geheiligt« (1.Kor. 7,14). Das bedeutet, daß der ungläubige

Partner in eine gewisse Vorzugsstellung versetzt ist dadurch, daß er einen gläubigen Ehepartner hat, der für seine Errettung betet.
Wir finden weiter die Aussage, daß Christus in allen Glaubenden geheiligt werden sollte. »...haltet den Herrn, den Christus, in euren Herzen heilig...« (1.Petr. 3,15). Wir heiligen Ihn, indem wir Ihm die Stellung des unbestrittenen Herrn in unserem Leben einräumen.
In Ergänzung zu dem Vorstehenden seien noch vier weitere wichtige Arten der Heiligung angesprochen, die wir beim Studium des Neuen Testamentes unterscheiden sollten. Wir wollen sie folgendermaßen benennen:
Heiligung vor der Wiedergeburt
Stellungsmäßige Heiligung
Wachstümliche, fortschreitende Heiligung
Vollendete Heiligung

Heiligung vor der Wiedergeburt

Lange bevor ein Mensch von neuem geboren wird, arbeitet bereits der Heilige Geist an seinem Leben, indem Er ihn von der Welt absondert, um eines Tages zu Christus zu gehören. Paulus weiß sogar, daß er abgesondert war, bevor er überhaupt geboren wurde (Gal. 1,15). In 2. Thess. 2,13 erinnert er die Thessalonicher daran, daß es zu ihrer Errettung drei Schritte gab:
1. Ihre Erwählung durch Gott,
2. ihre Heiligung durch den Geist,
3. ihren Glauben an die Wahrheit.

Bedenken wir, daß Heiligung in diesem Sinn schon existierte, bevor sie glaubten und errettet wurden.
In 1. Petr. 1,2 sind die mit der Errettung verbundenen Ereignisse wie folgt angeordnet:
1. Auserwählung und Vorbestimmung durch Gott, den Vater.
2. Heiligung durch den Geist.
3. Gehorsam Jesus Christus gegenüber.
4. Besprengung mit Seinem Blut.

Vor der Zeit, noch in der Ewigkeit erwählte uns Gott, um zu Ihm zu gehören. In der Zeit sonderte uns der Heilige Geist ab für den Herrn. Dann gehorchten wir dem Evangelium. Sobald wir das taten, wurde der ganze Wert des vergossenen Blutes Christi uns zugerechnet. Das Bemerkenswerte hieran ist, daß die Heiligung, von der Petrus spricht, diejenige ist, die vor der Wiedergeburt eines Menschen stattfand.

Stellungsmäßige Heiligung

Im Augenblick der Wiedergeburt eines Menschen wird er der Stellung nach geheiligt. Das bedeutet, daß er, was seine Stellung vor Gott betrifft, vollkommen für Gott von der Welt abgesondert ist, weil er »in Christus« ist. In einer sehr realen Bedeutung ist Christus seine Heiligkeit (1.Kor. 1,30).

Jeder wirklich Glaubende ist ein Heiliger; er ist für den Herrn abgesondert worden. Das ist seine Stellung. So werden alle Christen der örtlichen Gemeinde in Korinth angesprochen als »Geheiligte in Christus Jesus, berufene Heilige«. Sie waren nicht immer völlig heilig. Sie tolerierten Sünde in der Nachfolge (1.Kor. 5,1 u. 2). Sie gingen gerichtlich gegeneinander vor (1.Kor. 6,1). Sie hatten Lehrer, die die Auferstehung Christi verneinten (1.Kor. 15,33 u. 34). Und doch waren sie, soweit es ihre Stellung betraf, Heilige, geheiligt in Christus Jesus.

Sehen wir uns jetzt einige Stellen an, die die stellungsmäßige Heiligung behandeln. In Apg. 20,32 meint der Ausdruck »alle Geheiligten« alle Glaubenden. In Apg. 26,18 beschreibt Gott Sein Volk als solche, »die durch den Glauben an mich geheiligt sind«. Die Korinther werden beschrieben als solche, die »abgewaschen, ... geheiligt, ... gerechtfertigt worden sind durch den Geist unseres Gottes (1.Kor. 6,11). Und der Schreiber des Hebräerbriefes erinnert uns, daß wir »geheiligt sind durch das ein für allemal geschehene Opfer des Leibes Jesu Christi« (Hebr.

10,10). »Denn mit einem Opfer hat er die, die geheiligt werden, für immer vollkommen gemacht« (Hebr. 10,14). Manchmal wird die stellungsbegründete Heiligkeit auch ausgedrückt durch den Gebrauch des Wortes »Heilige«. Somit bezieht sich also Paulus, wenn er in Kol. 3,12 die Christen als »Heilige« bezeichnet, auf ihre Stellung vor Gott.

Fortschreitende, wachstümliche Heiligung

Während es viele Schriftstellen gibt, die besagen, daß alle Christen geheiligt sind, gibt es ebenso andere, welche fordern, daß sie geheiligt *sein sollten.* Versäumen wir es, die Arten der Heiligung zu unterscheiden, können wir dies als sehr verwirrend empfinden.

Wachstümliche oder praktische Heiligung bezieht sich auf das, was in unserem täglichen Leben sein sollte. Wir sollten ein Leben der Absonderung führen, weg von der Sünde und dem Bösen und nur für Gott dasein. Heilige sollten immer heiliger werden!

Auf diesen Aspekt der Heiligkeit bezieht sich der Herr Jesus in Joh. 17,17, wenn Er für die Seinen betet: »Heilige sie durch die Wahrheit, dein Wort ist Wahrheit.«

Die Mitarbeit des Glaubenden gehört dazu (2.Tim. 2,21). Wo immer man Ermahnungen bezüglich der Heiligung oder der Heiligkeit findet, kann man sicher sein, daß die praktische Heiligung angesprochen ist. So drängt Paulus die Korinther: »... wir wollen uns reinigen von jeder Befleckung des Fleisches und des Geistes, und die Heiligkeit vollenden in der Furcht Gottes« (2.Kor. 7,1). In gleicher Weise schreibt Petrus: »... wie der, welcher euch berufen hat, heilig ist, seid auch ihr im ganzen Wandel heilig« (1.Petr. 1,15).

Eine bestimmte Form praktischer Heiligung betrifft die Abwendung vom Unmoralischen. »Denn dies ist der Wille Gottes, eure Heiligung, daß ihr euch der Unzucht enthaltet, daß jeder von euch sein eigenes Gefäß in Heiligkeit und Ehrbarkeit zu gewinnen wisse« (1.Thess. 4,3 u. 4). Wie wird ein Christ denn heiliger, wie dem Herrn Jesus ähnlicher?

Die Antwort finden wir in 2. Kor. 3,18: »Wir alle aber schauen mit aufgedecktem Angesicht die Herrlichkeit des Herrn an und werden so verwandelt in dasselbe Bild von Herrlichkeit zu Herrlichkeit, wie es vom Herrn dem Geist geschieht.«

Praktische Heiligung erwächst aus der Beschäftigung mit dem Herrn. Es ist ein Lebensprinzip, daß wir dem immer ähnlicher werden, was wir verehren. Je mehr wir Christus schauen, desto mehr werden wir wie Er. Der Heilige Geist bewirkt diese wunderbare Umformung, nicht auf einmal, sondern von einem Grad der Herrlichkeit zum nächsten.

Vollkommene Heiligung

Dieser Aspekt der Heiligung ist für den Glaubenden noch zukünftig. Wenn er den Heiland von Angesicht zu Angesicht sieht, wird er für immer von aller Sünde und Befleckung befreit sein. Moralisch wird er wie der Herr Jesus sein — vollkommen geheiligt.

Das lesen wir in Kol. 1,22: »in dem Leib seines Fleisches durch den Tod, um euch heilig und tadellos und unsträflich vor sich hinzustellen...«

An diesem Tag wird die Gemeinde ihre endgültige Heiligkeit haben, »damit er die Gemeinde sich selbst verherrlicht darstellte, die nicht Flecken oder Runzel oder etwas dergleichen habe, sondern daß sie heilig und tadellos sei...« (Eph. 5,27).

Andere Stellen beschreiben unsere vollkommene Heiligung ohne den Ausdruck an sich zu erwähnen. Johannes z.B. sagt: »...wir wissen, daß wenn es offenbar werden wird, wir ihm gleich sein werden, denn wir werden ihn sehen, wie er ist« (1.Joh. 3,2). Und Judas erinnert uns daran, daß unser Herr uns »vor seiner Herrlichkeit tadellos mit Frohlocken hinzustellen vermag« (Judas 24).

Es wird für dein Bibelstudium jetzt sehr hilfreich sein, diese verschiedenen Aspekte der Heiligung zu unterscheiden. Wenn immer du Stellen findest, die mit Heiligung zu tun haben, frage dich: Betrifft dies die Zeit vor der Bekehrung? Bezeichnet es das, was ich in Christus bin? Ist es das, was ich Tag für Tag sein sollte? Weist es darauf hin, was ich sein werde, wenn ich hineingeführt werde in die Herrlichkeit der Gegenwart des Herrn Jesus Christus?

8. Gesichtspunkte der Rechtfertigung

Das Neue Testament lehrt, daß wir gerechtfertigt worden sind durch die Gnade, durch den Glauben, durch das Blut, durch die Kraft und durch Werke. Das scheint verwirrend, wenn nicht sogar widersprüchlich zu sein, solange, bis wir erkennen, daß jedesmal ein anderer Aspekt des gleichen Themas angesprochen ist.

Zunächst einmal, was bedeutet Rechtfertigung? Rechtfertigung bedeutet, jemanden für gerecht zu halten. Es meint nicht, gerecht zu machen, sondern als gerecht zu erklären. Eigentlich ist es ein juristischer Begriff; er stammt aus dem Gerichtssaal.

Wir sind nicht gerecht aus uns selbst. Wir haben keine Gerechtigkeit. Wenn wir aber Jesus Christus als Herrn und Heiland annehmen, erklärt uns Gott als gerecht auf der Grundlage der stellvertretenden Tat Christi. Wenn wir »in Christus« sind, kann uns der gerechte Gott gerecht sprechen, weil auf Golgatha die volle Genugtuung für alle unsere Sünden erbracht worden ist (oder: alle unsere Sünde vollkommen gesühnt worden ist). Der glaubende Sünder wird bekleidet mit der ganzen Gerechtigkeit Gottes: »Den, der Sünde nicht kannte, hat er für uns zur Sünde gemacht, damit wir Gottes Gerechtigkeit würden in ihm« (2.Kor. 5,21).

Wie wir anfangs erwähnten, wird von der Rechtfertigung gesagt, sie geschähe durch Gnade, durch Glauben, durch das Blut, durch die Kraft und durch Werke. Wie aber kann sie denn über all diese fünf Wege erreicht werden?

Erstens geschieht Rechtfertigung durch die Gnade. In Röm. 3,24 lesen wir: »Wir werden umsonst gerechtfertigt durch seine Gnade, durch die Erlösung, die in Christus Jesus ist.« Das heißt, daß ein Mensch es nicht verdient, gerechtfertigt zu werden. Er kann es sich nicht erwerben, er muß es als Geschenk annehmen. Gnade ist das Mittel, durch das Gott dem Menschen die Rechtfertigung gibt, vollkommen unverdient und nicht käuflich — umsonst — als ein Geschenk.

Zweitens geschieht die Rechtfertigung durch den Glauben. »Da wir nun gerechtfertigt worden sind aus Glauben, so haben wir Frieden mit Gott durch unseren Herrn Jesus Christus« (Röm. 5,1). Das bedeutet, daß der Sünder die Rechtfertigung durch eine endgültige Glaubensübergabe an den Heiland erhält. Er erklärt sich selbst als schuldig und daß er die ewige Verdammnis verdient hat, und muß dann den Herrn Jesus als den Einen annehmen, der alle seine Schuld am Kreuz schon bezahlt hat.
Gnade ist Gottes Herablassung zu dem schuldigen Menschen und das Angebot der Rechtfertigung als kostenlose Gabe auf der Grundlage von Christi Erlösungswerk auf Golgatha. Die Gnade läßt Gott dem schuldigen Menschen, aufgrund des Erlösungswerkes auf Golgatha, die Hand darreichen und ihm Rechtfertigung als eine kostenlose Gabe anbieten. Gnade erreicht den bußfertigen Sünder und läßt ihn die Gabe Gottes annehmen, ohne einen Gedanken daran zu verschwenden, daß er diese Gabe vielleicht durch seinen Charakter oder durch seine Werke verdient haben könnte.
Die Rechtfertigung geschieht auch durch das Blut. »Vielmehr nun, da wir jetzt durch sein Blut gerechtfertigt worden sind, werden wir durch ihn vom Zorn gerettet werden« (Röm. 5,9). Dies bezieht sich auf den Preis, der bezahlt werden mußte, damit ich gerecht gesprochen werden konnte. Der Heiland — der ohne Sünde war — vergoß sein kostbares Blut, um die Schuld zu bezahlen, die meine Sünden angehäuft hatten. Der ungeheure Wert meiner Rechtfertigung wird deutlich in dem kaum vorstellbar hohen Preis, der bezahlt wurde, um sie zu garantieren.
Obwohl es keine Schriftstelle gibt, die direkt davon spricht, daß wir durch Kraft gerechtfertigt sind, ist doch diese Aussage indirekt in Röm. 4,25 enthalten: »Der unserer Übertretungen wegen dahingegeben und unserer Rechtfertigung wegen auferweckt worden ist.« Hier ist unsere Rechtfertigung eng verbunden mit der Auferstehung Christi. Und das hat seinen Grund! Wäre Er nicht auferstanden, »wäre

unser Glaube nichtig und wir wären noch in unseren Sünden« (1.Kor. 15,17). So ist also unsere Rechtfertigung untrennbar verbunden mit der Kraft, die unseren Herrn Jesus aus den Toten auferweckte. Deswegen sagen wir, wir seien gerechtfertigt durch Kraft.

Schließlich sind wir gerechtfertigt durch Werke: »Ihr seht also, daß ein Mensch aus Werken gerechtfertigt wird und nicht aus Glauben allein« (Jak. 2,24). Hier scheint ein deutlicher Widerspruch vorzuliegen. Der Apostel Paulus lehrt unmißverständlich, daß wir allein durch den Glauben gerechtfertigt worden sind. Aber Jakobus scheint hier zu sagen »Nicht doch! Wir werden gerechtfertigt durch Glauben und durch Werke.« Aber das sagt Jakobus eben nicht. Er lehrt nicht, daß Rechtfertigung in erster Linie durch gute Werke erreicht wird. Auch sagt er nicht, daß wir gerechtfertigt sind durch Glauben plus Werke. Er sagt, daß wir gerechtfertigt sind durch die Art von Glauben, der sich im Leben durch gute Werke als echt erweist.

Es ist nutzlos zu sagen, jemand habe Glauben, wenn er keine Werke hat, um seinen Glauben zu beweisen. Diese Art von Glauben, der nur ein toter Wortglaube, ein Lippenbekenntnis ist, ist wertlos (Jak. 2,14-17).

Wahrer Glaube ist unsichtbar, kann aber durch Werke sichtbar werden, ja, er wird darin sichtbar (Jak. 2,18).

Abraham wurde aufgrund des Glaubens an Gott gerechtfertigt (1.Mose 15,6); aber Jahre später zeigte er die Echtheit dieses Glaubens in der Bereitschaft, seinen Sohn Isaak als Brandopfer zu opfern (1.Mose 22,9-14).

Rahab bewies ihren Glauben darin, daß sie die israelitischen Kundschafter beherbergte und ihnen zur Flucht verhalf (Jak. 2,25).

Wenn wir also von Rechtfertigung durch Werke sprechen, meinen wir damit, daß Werke nach außen hin sichtbar machen, daß wir wirklich durch Glauben gerechtfertigt sind. Werke sind nicht die Ursache, sondern die Folgewirkung. Sie sind nicht die Wurzel, sondern die Frucht.

Zusammenfassend können wir sagen: Das Neue Testament lehrt, daß wir gerechtfertigt sind durch

Gnade — d.h. wir haben es nicht verdient.
Glauben — d.h. wir müssen es als Geschenk Gottes annehmen.
Blut — d.h. die Rechtfertigung wurde erworben durch des Heilandes Tod.
Kraft — d.h. Gott hat in der Auferweckung Seines Sohnes gezeigt, daß Er dessen Werk am Kreuz angenommen hat.
Werke — d.h. wenn wir wirklich gerechtfertigt worden sind durch Glauben, wird sich das in guten Werken als echt erweisen.

9. Stellung und Praxis des Christen

Für das Verständnis des Neuen Testamentes ist es unerläßlich, den Unterschied zwischen der Stellung des Glaubenden und seinem Wandel zu beachten. Erkennt man diesen Unterschied nicht, werden einige Schriftabschnitte verwirrend oder sogar widersprüchlich erscheinen.
Manchmal wird auch von Theorie und Praxis oder vom Stand und Verwirklichung gesprochen, gemeint ist jeweils das gleiche. Kurz gesagt, die Stellung eines Christen ist das, was er in Christus ist. Die Praxis, sein Zustand ist das, was er in sich selbst ist — oder besser, was er sein sollte. Ersteres hängt mit der Lehre, der Dogmatik zusammen, und das zweite mit der Verantwortung.
Es gibt einen Unterschied zwischen dem, was ein Glaubender in Christus ist und dem, was er in sich selbst ist. Die Gnade hat dem Menschen in Christus eine absolut vollkommene Stellung vor Gott gegeben. Er ist angenommen in dem einzig Geliebten (Eph. 1,6) und vollkommen in Christus (Kol. 2,10). Seine Sünden sind vergeben; er ist bekleidet mit der Gerechtigkeit Gottes (2.Kor. 5,21). Es ist keine Anmaßung, wenn er sagt:

> Nahe, so nahe bei Gott,
> ich könnte nicht näher Ihm sein.
> Denn in der Person des Gottessohnes
> bin ich so nahe wie Er.
>
> Geliebt, so geliebt bei Gott,
> ich könnte nicht lieber Ihm sein.
> Die Liebe, mit der Er liebt Seinen Sohn
> ist auch Seine Liebe zu mir.

Der Zustand des Glaubenden ist wieder etwas anderes. Unzweifelhaft ist er weit von Vollkommenheit entfernt. In den meisten Fällen ist dies von Tag zu Tag unterschiedlich. Manchmal ist der Glaubende auf einem geistlichen

Berggipfel; zu anderen Zeiten befindet er sich im Tal der Niederlage.
Gottes Wille ist es nun, daß unser Zustand mehr und mehr unserer Stellung entspricht. Aus Liebe zu dem Einen, der für uns starb, sollte unser tägliches Leben ständig in der Christusähnlichkeit wachsen. Natürlich werden wir niemals einen vollkommenen Zustand in diesem Leben erreichen; das wird nie geschehen, bis wir sterben oder bis der Heiland wiederkommt. Aber ein Wachstumsprozeß sollte erkennbar werden; wir sollten im Zustand mehr und mehr das werden, was wir der Stellung nach schon sind. Wenn wir den Heiland sehen werden, dann werden wir ihm automatisch gleich sein (1.Joh. 3,2). Diese Umwandlung wird, ohne unser Dazutun, durch Gottes Kraft stattfinden. Gott wird aber mehr verherrlicht, wenn schon in diesem Leben Sein Volk dem Herrn Jesus ähnlicher wird.
Wie kann man nun feststellen, ob ein Bibelabschnitt über Stellung oder über Praxis/Zustand spricht? Nun, man achte auf Ausdrücke wie »in Christus«, »in dem Geliebten« oder »in Ihm«. Findet man diese Ausdrücke, kann man sicher sein, daß der Schreiber über unsere Stellung spricht (s. Eph. 1,3-14). Der beste Weg, Aussagen über unseren Zustand herauszufinden, ist, zu beachten, wenn ein Vater uns sagt, was wir sein oder tun sollten.
Die unveränderliche Ordnung im Neuen Testament ist die, daß immer zuerst die Stellung, dann erst der Zustand behandelt wird. Mehrere Briefe sind so strukturiert. Im Epheserbrief z.B. beschreiben die ersten drei Kapitel, was wir in Christus sind; die letzten drei beschreiben, was oder wie wir im täglichen Leben sein sollten. In den ersten drei Kapiteln sehen wir uns in Christus in die himmlischen Örter versetzt; in den letzten drei beschäftigen wir uns mit den alltäglichen Problemen des Hauses, der Familie und der Arbeitswelt.
Sehen wir uns jetzt an, wie hilfreich und nötig es ist, die Unterschiede zu beachten, wenn wir das Neue Testament studieren. Hier sind sieben einfache Beispiele für den Unterschied zwischen Stellung und Praxis/Zustand.

Beispiel 1

Stellung	**Praxis/Zustand**
»Denn mit einem Opfer hat er die, die geheiligt werden, für immer vollkommen gemacht (Hebr. 10,14).	»Ihr nun sollt vollkommen sein, wie euer himmlischer Vater vollkommen ist« (Matth. 5,48).

Der erste Vers sagt, daß alle Glaubenden vollkommen *sind;* der zweite sagt, daß alle Glaubenden vollkommen *sein sollen.* Dies wäre eine unnötige doppelte Betonung, wüßten wir nicht, daß der erste Vers unsere Stellung, der zweite unseren Zustand anspricht.

Beispiel 2

»Wir, die wir der Sünde gestorben sind, wie sollten wir noch in ihr leben?« (Röm. 6,2).	»So auch ihr, haltet euch der Sünde für tot, Gott aber lebend in Christus Jesus« (Röm. 6,11).

»Ihr *seid* der Sünde gestorben« — das ist die Stellung, in die die Gnade euch gebracht hat. »Haltet euch der Sünde für tot« — so sollte unser Zustand sein.

Beispiel 3

»So viele ihn aber aufnahmen, denen gab er das Recht, Kinder Gottes zu werden, denen, die an seinen Namen glauben« (Joh. 1,12).	»Seid nun Nachahmer Gottes, als geliebte Kinder!« (Eph. 5,1).

Durch die Wiedergeburt ist man ein Kind Gottes. Von diesem Zeitpunkt an soll man Gott folgen als ein geliebtes Kind. Von allen Gotteskindern wird erwartet, daß sie die Familienart tragen, nämlich ein Gott gemäßes Benehmen.

Beispiel 4

Stellung	**Praxis/Zustand**
»Gott ist treu, durch den ihr berufen worden seid in die Gemeinschaft seines Sohnes, Jesus Christus, unseres Herrn« (1.Kor. 1,9).	»Wandelt würdig der Berufung, mit der ihr berufen worden seid« (Eph. 4,1).

Wir sind zu einer wunderbaren Gemeinschaft berufen; Privilegien bringen Verantwortung mit sich. Wir sollen der Berufung würdig wandeln.

Beispiel 5

»Allen Geliebten Gottes, berufenen Heiligen in Rom...« (Röm. 1,7).	»...damit ihr sie im Herrn aufnehmt, der Heiligen würdig, ...« (Röm. 16,2).

Paulus spricht die Christen in Rom als Heilige an; sie waren »Abgesonderte«. Seit ihrer Errettung waren sie Heilige. Aber Heilige sollten heilig sein; das ist die praktische Seite, die in Röm. 16,2 deutlich wird.

Beispiel 6

»Denn aus Gnade seid ihr errettet, durch Glauben« (Eph. 2,8).	»...bewirkt euer Heil mit Furcht und Zittern« (Phil. 2,12).

Unsere Stellung ist ein Geschenk Gottes. Unser Wandel ist die Art, unsere Dankbarkeit auszudrücken. Beachten wir, daß immer zuerst die Stellung genannt wird, dann der Zustand. Wir werden keine Christen dadurch, daß wir christlich leben, sondern wir führen ein christliches Leben, weil wir Christen geworden sind.

Beispiel 7

Als letztes Beispiel wollen wir uns Kol. 3,1-5 ansehen und zeigen, wie Paulus in der Sprache zwischen Stellung und Zustand wechselt:

»Wenn ihr nun mit dem Christus auferweckt worden seid, (V. 1a)	so sucht, was droben ist, wo der Christus ist, sitzend zur Rechten Gottes (V. 1b).
	Sinnt auf das, was droben ist, nicht auf das, was auf der Erde ist (V. 2).
denn ihr seid gestorben, und euer Leben ist verborgen mit dem Christus in Gott (V. 3).	Tötet nun eure Glieder, die auf der Erde sind (V. 5a).

Paulus sagt tatsächlich: *Ihr seid tot!* Jetzt *haltet* euch auch für tot! Ihr *seid* auferstanden, *lebt* jetzt das Auferstehungsleben! Was normalerweise völlig unverständlich wäre, wird klar, wenn wir uns der Tatsache bewußt sind, daß der Apostel einerseits davon spricht, was wir in Christus sind, und andererseits davon, was wir in uns selbst sein sollten.
Abschließend möchte ich zeigen, wie die Unterscheidung zwischen Stellung und Praxis/Zustand mir in einer schweren Zeit meines Lebens geholfen hat:
Nachdem ich wiedergeboren war, hörte ich öfter Christen 2. Kor. 5,17 zitieren, wenn sie ein Zeugnis gaben:
»Daher, wenn jemand in Christus ist, so ist er eine neue Schöpfung; das Alte ist vergangen, siehe Neues ist geworden.«
Sie sprachen dann von der wunderbaren Verwandlung, die in ihrem Leben stattgefunden hatte — wie all das Alte vergangen sei, und wie *alles* neu geworden war.
Ich saß dann da und dachte: »Ich wünschte, ich könnte sagen, daß alles Alte gestorben ist und wie alles neu wurde.« Aber so war es nicht.

Noch immer hatte ich einige von den alten Gewohnheiten, schlechte Gedanken, Wutausbrüche und viele andere »Grabkleider« aus den Tagen vor meiner Bekehrung. Manchmal zweifelte ich an meiner Errettung.
Eines Tages bemerkte ich dann den Ausdruck »in Christus«, und mein Herz hüpfte vor Freude. Mir wurde klar, daß der Vers meine Stellung betraf — nicht meinen Zustand, meine Praxis. Und »in Christus« war das ja alles verwirklicht! In Ihm war das Alte tatsächlich gestorben — Verdammnis, die Herrschaft Satans, die Angst vor dem Tod usw. In Ihm war alles neu — Vergebung, Rechtfertigung, Heiligung und eine Menge anderer Segnungen.
Seit dieser Zeit birgt der Vers keinen Schrecken mehr für mich. Ich liebe ihn. Ich weiß, daß ich »in Christus« bin, und das bringt mich dazu, für Ihn, den Herrn meines Lebens, zu leben.

Frage:
Sowohl die Stellung als auch den Zustand finden wir in 1. Kor. 5,7 und 1. Petr. 2,9. Kannst du sie bestimmen?

10. Verwandtschaft und Gemeinschaft

Die Untersuchung dieser Begriffe gleicht der über Stellung und Praxis/Zustand. Trotzdem ist der Unterschied wichtig genug, um ihm ein separates Kapitel zu widmen.

Durch die Wiedergeburt eines Menschen wird ein neues Verwandtschaftsverhältnis gebildet — er wird Kind Gottes.

»So viele ihn aber aufnahmen, denen gab er das Recht, Kinder Gottes zu werden, denen, die an seinen Namen glauben« (Joh. 1,12).

»Geliebte, jetzt sind wir Kinder Gottes, und es ist noch nicht offenbar geworden, was wir sein werden; wir wissen, daß wir, wenn es offenbar werden wird, ihm gleich sein werden, denn wir werden ihn sehen, wie er ist« (1.Joh. 3,2).

Eine Geburt ist etwas Endgültiges. Hast du jemals darüber nachgedacht? Hat eine Geburt einmal stattgefunden, ist sie für immer gültig. Man kann sie nicht mehr rückgängig machen. Eine Verwandtschaftsbeziehung ist entstanden, die nicht geändert werden kann.

Ein Beispiel: Der Familie Müller wurde ein Sohn geboren. Was auch passiert, das Kind wird immer der Sohn von Herrn und Frau Müller sein — sie werden immer seine Eltern sein. Er mag später seine Familie entehren und ihr tiefsten Kummer verursachen. Die Verwandtschaft bleibt bestehen — Herr Müller ist immer noch sein Vater, und er ist immer noch der Sohn von Herrn Müller.

Übertragen wir dies jetzt auf den Glaubenden: Durch die Neugeburt ist eine Verwandtschaft mit Gott als dem Vater entstanden.

»Der Geist selbst zeugt mit unserem Geist, daß wir Kinder Gottes sind« (Röm. 8,16).

»Also bist du nicht mehr Knecht, sondern Sohn; wenn aber Sohn, so auch Erbe durch Gott« (Gal. 4,7).

Das ist eine Beziehung, die nicht aufhören kann. Einmal Kind — immer Kind!

Auf der anderen Seite dieser Wahrheit der Beziehung zu

Gott steht »Gemeinschaft«. Gemeinschaft bedeutet teilhaben an einer gemeinsamen Sache. Wenn Verwandtschaft Einheit bedeutet, dann ist Gemeinschaft Einigkeit oder Genuß dieser Einheit. Während Verwandtschaft eine Kette ist, die nicht zerbrochen werden kann, ist Gemeinschaft so etwas wie ein schwacher Faden, der leicht reißen kann. Sünde unterbricht die Gemeinschaft mit Gott. Es können nicht zwei zusammen gehen, solange sie sich nicht einig sind (Amos 3,3). Gott kann keine Gemeinschaft mit Seinen Kindern haben, wenn sie sündigen (1.Joh. 1,5). Gott ist Licht und gar keine Finsternis ist in Ihm. Er kann nicht Gemeinschaft mit solchen genießen, die Böses in ihrem Leben verstecken. Die Gemeinschaft bleibt so lange unterbrochen, wie die Sünde nicht bekannt und (daher) nicht vergeben ist. Unterbrochene Gemeinschaft ist eine ernste Sache.

Während der Zeit, in der der Glaubende nicht in engster Verbindung mit dem Herrn lebt, könnte z.B. eine Entscheidung gefällt werden, die sich vergiftend auf den Rest seines Lebens auswirken würde. Wie viele auf die schiefe Bahn geratene Christen haben einen ungläubigen Ehepartner gewählt und ihr Leben damit ruiniert, zumindest was seine Nützlichkeit für Gott angeht. Ihre Seele ist gerettet, aber ihr Leben ist verpfuscht.

Unterbrochene Gemeinschaft hat die Züchtigung durch Gott zur Folge. Ein Gläubiger ist frei von der ewigen Strafe für seine Sünden; er ist aber nicht frei von den Folgen seiner Sünde in seinem Leben. Warum waren einige der Heiligen in Korinth krank? Weil sie zum Mahl des Herrn gingen, ohne vorher ihre Sünden bekannt und in Ordnung gebracht zu haben (1.Kor. 11,29-32). Einige von ihnen starben sogar. Sie waren für den Himmel passend gemacht worden durch die Erlösung, die in Christus Jesus ist; aber sie waren nicht passend für ein weiteres — zeugnishaftes — Leben hier auf der Erde.

Unterbrochene Gemeinschaft hat den Verlust an Belohnung am Richterstuhl des Christus zur Folge (1.Kor. 3,15).

Alle Zeit, die wir nicht in der Gemeinschaft mit Gott verbracht haben, ist für immer verlorene Zeit.
Während wir uns also der Wahrheit erfreuen können, daß unsere Verwandtschaftsbeziehung zu Gott nicht zerstört werden kann, sollten wir doch all das fürchten, was unsere Gemeinschaft mit dem Vater stören könnte. Besonders das Wissen darum, daß uns die Gnade in eine solch wunderbare Beziehung gebracht hat, muß das stärkste Motiv dafür sein, beständige intakte Gemeinschaft mit dem Herrn zu pflegen. Die Gnade ermutigt nicht die Sünde; sie ist das mächtigste Abschreckungsmittel dagegen.
Im Alten Testament ist David ein klassisches Beispiel eines Heiligen, dessen Gemeinschaft mit Gott durch Sünde unterbrochen wurde. Wir lesen von seinem Bekenntnis und seiner Wiederherstellung in den Psalmen 32 und 51.
Aus dem Neuen Testament könnte man den verlorenen Sohn anführen als Darstellung eines von Umwegen zurückkehrenden Gotteskindes (Luk. 15,11-24), obwohl die Geschichte normalerweise als Umkehr eines Sünders gedeutet wird. Die Gemeinschaft wurde unterbrochen durch den Eigensinn und die Rebellion des Sohnes. Aber er blieb Sohn — auch im fernen Land. Sobald er zurückkam und sein Bekenntnis stammelte, war die Gemeinschaft wiederhergestellt. Der Vater lief ihm entgegen, fiel ihm um den Hals und küßte ihn.
In 1.Joh. 2,1 lesen wir: »Meine Kinder, ich schreibe euch dies, damit ihr nicht sündigt; und wenn jemand sündigt, wir haben einen Sachwalter beim Vater, Jesus Christus, den Gerechten.« Dies ist an Gotteskinder geschrieben, an solche, die in die Familie Gottes hineingeboren sind. Gottes Absicht ist, daß Seine Kinder nicht sündigen. Aber wir sündigen trotzdem und Gott hat dafür Vorsorge getroffen »...wenn jemand sündigt, wir haben einen Sachwalter beim Vater«.
Merken wir es uns — wir haben einen Fürsprecher bei *dem Vater*. Er ist immer noch unser Vater, auch wenn wir sündigen. Wie kann das sein? Es ist so, weil Verwandtschaft ein Band ist, das nie zerrissen werden kann.

Was geschieht, wenn wir sündigen? »Wir haben einen Sachwalter beim Vater, Jesus Christus, den Gerechten.« Er geht dann in unserem Leben sofort an die Arbeit und bringt uns dahin, wo wir willig sind, unsere Schuld zu bekennen und von ihr zu lassen, um dadurch in den Genuß der erneuerten Gemeinschaft mit dem Vater zu kommen. Das Wissen um den Unterschied zwischen Verwandtschaft und Gemeinschaft hilft mir, diese Schriftstellen zu verstehen. Außerdem läßt es mich die Heilsgewißheit, die ich in Christus habe, weit mehr würdigen, und es regt mich dazu an, vertieft in der Gemeinschaft mit dem Vater zu leben, der mich so liebt.

11. Der Tag des Herrn
Der Tag Christi
Der Tag Gottes

Bis hierhin sollten wir ein wenig Verständnis dafür entwickelt haben, wie wichtig es beim Studium der Heiligen Schrift ist, klare Unterscheidungen zu treffen. Wenn wir uns nun mit zukünfigen Dingen beschäftigen, dann werden wir die Dinge wesentlich besser verstehen, wenn wir in der Lage sind, den Tag des Herrn, den Tag Christi und den Tag Gottes zu unterscheiden.

Der Tag des Herrn

Mit Sicherheit handelt es sich hierbei nicht um einen Tag von 24 Stunden, sondern vielmehr um eine Zeitperiode, die gewisse Merkmale in sich birgt.
Im Alten Testament wurde der Begriff »Tag des Herrn« gebraucht, um damit eine Zeit des Gerichtes, der Verwüstung oder Dunkelheit zu beschreiben (Jes. 2,12; Joel 2, 1 u. 2). Das war eine Zeit, in der Gott sich gegen die Feinde Israels wandte und sie in entscheidender Weise schlug (Zeph. 3,8-12; Joel 3,14-16; Obad. 15,16; Sach. 12,8 u. 9). Auch die Gelegenheiten, an denen Gott Sein eigenes Volk für ihren Götzendienst und ihren Abfall von Ihm schlug, waren solch eine Zeit (Joel 1,15-20; Amos 5,18; Zeph. 1,7-18). Der »Tag des Herrn« hatte grundsätzlich mit dem Gericht über die Sünde und mit dem Sieg der Sache des Herrn zu tun (Joel 2,31 u. 32).
Im Neuen Testament ist der »Tag des Herrn« nahezu identisch mit der Periode der »Zeiten und Zeitpunkte« (Apg. 1,7; 1.Thess. 5,1). Er beginnt nach der Entrückung und beinhaltet:

1. Die Drangsal, oder wie sie auch genannt wird, die »Drangsal Jakobs« (Dan. 9,27; Jer. 30,7; Matth. 24,4-28; 1.Thess. 5,1-11; Offbg. 6,1-19, 16). Das ist die erste Phase des »Tages des Herrn«. Sie wird unerwartet, wie ein Dieb in der Nacht kommen. Sie wird plötzlich, zerstörerisch, unvermeidbar und unentrinnbar kommen. Diese Periode wird annähernd 7 Jahre dauern, in denen Gott Seine Gerichte über das abgefallene Judentum, das abgefallene Namens-Christentum und über die heidnischen Völker ausschütten wird. Diese Gerichte, die in ihrer Intensität alles bisher dagewesene in den Schatten stellen werden, sind in der Offenbarung bildhaft, in den Symbolen der sieben Siegel, der sieben Posaunen und der sieben Zornesschalen dargestellt. Die letzte Hälfte der Drangsal ist bekannt als die »große Drangsal«; das wird die schlimmste Zeit der Not sein, die die Welt je erfahren hat oder je erfahren wird.

2. **Das Kommen Christi mit Seinen Heiligen** (Mal. 4,1-3; 2.Thess. 1,7-9).

Am Ende der Drangsalszeit wird der Herr Jesus mit den Engeln Seiner Macht wiederkehren »in flammendem Feuer, wenn er Vergeltung gibt denen, die Gott nicht kennen, und denen, die dem Evangelium unseres Herrn Jesus Christus nicht gehorchen.« Bevor Er Sein Königreich auf der Erde aufrichtet, wird Er alle Seine Feinde vernichten.

3. **Die tausendjährige Regierungszeit Christi** (Joel 3,18; Sach. 14,8 u. 9; Jes. 65, 17-25; Offbg. 19,15).

Auch die ist mit in den »Tag des Herrn« eingeschlossen. In dieser Zeit wird Gericht augenblicklich durchgeführt werden. Der König wird mit eiserner Rute regieren, und wer sich gegen Ihn erhebt, wird sofort getötet werden.

4. **Zum Schluß die Zerstörung der Himmel und der Erde durch Feuer** (2. Petr. 3,7.10).

Am Ende der tausendjährigen Regierungszeit Christi werden die Himmel und die Erde mit gewaltigem Geräusch vergehen und die Elemente im Brande zerschmelzen. Das ist die Schlußphase des »Tages des Herrn«.

Der Tag Christi

Während der Tag des Herrn eine Zeit des Gerichtes über eine Welt, die den Sohn Gottes verworfen hat, ist, so ist der Tag Christi eine Zeit der Segnung für solche, die auf Ihn vertraut haben und deshalb zu Seiner Gemeinde gehören. Der Tag Christi beinhaltet hauptsächlich zwei Ereignisse:

1. Die Entrückung der Heiligen
(1. Thess. 4,15-18; 1. Kor. 5,5; Phil. 1,6.10)
Die Toten in Christus werden auferweckt und die lebenden Gläubigen verwandelt werden. Zusammen werden sie dem Herrn entgegengerückt in die Luft, und kehren mit Ihm in das himmlische Vaterhaus heim.

2. Der Richterstuhl des Christus
(1. Kor. 1,8; 2. Kor. 1,14; Phil. 2,16; 2. Kor. 5,10)
Die Gläubigen werden vor dem Richterstuhl des Christus erscheinen um dort geprüft und belohnt zu werden. Es geht dabei nicht um ihre Errettung, sondern um ihren Dienst. Alle, die die Billigung des Herrn haben, werden belohnt werden. Diejenigen, die ihr Leben vergeudet haben, werden Schaden leiden, sie selbst aber gerettet werden, doch so wie durchs Feuer (1.Kor. 3,15).

Durch eine etwas unglückliche Übersetzung der Lutherbibel heißt es in 2. Thess. 2,2 »der Tag Christi«, wo eigentlich »der Tag des Herrn« stehen sollte. Wegen der intensiven Versuchungen, die die Thessalonicher erfuhren, dachten sie, daß die Gerichte des »Tages des Herrn« bereits begonnen hätten. Paulus versichert ihnen deshalb, daß der »Tag des Herrn« von zwei Ereignissen eingeleitet würde — ein weltweiter Abfall vom Glauben und die Offenbarung des Menschen der Sünde, des Antichristen. Die Thessalonicher hätten keinen Grund gehabt, den *Tag Christi* zu fürchten, der nämlich hätte sie für immer von allen Prüfungen befreit.

Der Tag Gottes

Der »Tag Gottes« ist nicht zu verwechseln mit dem »Tag des Herrn« oder dem »Tag Christi«. Es ist der Tag, an dem Gott endgültig triumphiert, nachdem alles Böse für immer hinweggetan ist, und die Himmel und die Erde im Feuer zerstört worden sind (2.Petr. 3,12). Praktisch ist der »Tag Gottes« dem ewigen Zustand gleichzusetzen.

12. Israel und die Gemeinde

Vielleicht sollten wir diese Überschrift erweitern auf »die heidnischen Nationen, Israel und die Gemeinde«. Der Grund dafür ist, daß das Neue Testament die gesamte Menschheit in diese Gruppen einteilt. Paulus sagt z.B. in 1. Kor. 10,32: »Seid unanstößig, sowohl für Juden als auch Griechen, als auch für die Gemeinde Gottes«.
In Apg. 15,14-17 wird diese Dreiteilung der Menschheit ebenfalls vorgenommen:

Die Gemeinde

»Gott hat zuerst darauf gesehen, aus den Nationen ein Volk zu nehmen für seinen Namen« (V. 14).

Israel

»Nach diesem will ich zurückkehren und wieder aufbauen die Hütte Davids, die verfallen ist und ihre Trümmer will ich wieder bauen und sie wieder aufrichten« (V. 16).

Die Nationen

»... damit die übrigen der Menschen den Herrn suchen und alle Nationen, über die mein Name angerufen ist, spricht der Herr, der dieses tut« (V. 17).
Auch der Apostel Paulus unterschied zwischen
den Juden — »von der sog. Beschneidung, die im Fleisch mit Händen geschieht« (Eph. 2,11),
den Nationen — »die Unbeschnittenen«
der Gemeinde — mit einer »Beschneidung, die nicht mit Händen geschehen ist« (Kol. 2,11).

Im allgemeinen verwechseln Bibelleser die Nationen weder mit Israel noch mit der Gemeinde — dort liegt nicht das Problem. Wir werden uns also in diesem Kapitel auf die Unterscheidung zwischen Israel und der Gemeinde beschränken. Das ist von großer Wichtigkeit. Wenn wir diese beiden Gruppen nicht als getrennt und für sich betrachten, wird das auf unser Bibelverständnis erheblichen Einfluß haben, besonders bezüglich Wahrheiten und Prophezeiungen für die Gemeinde.

Die Bedeutung des Themas wird sofort klar, wenn wir hören, wie mancherorts gelehrt wird, die Kirche sei lediglich eine Weiterführung oder ein Auswuchs Israels. Man sagt: »Gott hat durch die Jahrhunderte hindurch eine bestehende Gemeinde gehabt. Israel war die Gemeinde im Alten Testament; aber als es den Messias ablehnte, verwarf Gott das Volk für immer. Es gibt keine Zukunft für Israel als Nation. Die neutestamentliche Gemeinde ist jetzt das Israel Gottes geworden, und alle Verheißungen, die dem Volk Israel galten, finden jetzt ihre geistliche Erfüllung in der Gemeinde.«

Wir glauben, daß die Schrift anderes lehrt. Israel und die Gemeinde unterscheiden sich in Ursprung, Charakter, Verantwortung und Bestimmung.
Als Israel den Herrn Jesus als Messias ablehnte, setzte Gott das Volk für eine Zeitlang beiseite. Er führte dann etwas völlig Neues ein — die Gemeinde. Wenn Sein Programm mit der Gemeinde auf der Erde erfüllt sein wird, wird Er Seinen Plan mit dem Volk Israel wieder aufnehmen. So wurde die Gemeinde eingebracht als eine Art Einschub während einer Unterbrechung der Beziehungen Gottes zu Israel, Seinem ehemaligen Volk.

Die Unterscheidung zwischen der Gemeinde und Israel wird durch folgende Gegenüberstellung besonders deutlich:

Die Gemeinde	Israel
1. Paulus spricht von der Gemeinde als von einem Geheimnis »das in anderen Geschlechtern den Söhnen der Menschen nicht kundgetan, wie es jetzt seinen heiligen Aposteln und Propheten durch den Geist geoffenbart worden ist« (Eph. 3,5). Er sagt, daß dieses Geheimnis von Beginn der Welt an in Gott verborgen war (Eph. 3,9), und daß es von Anfang an verschwiegen wurde, daß es aber jetzt durch prophetische Schriften geoffenbart worden ist (Röm. 16,25 u. 26; Kol. 1,25 u. 26).	1. Von Israel wird nie als von einem Geheimnis gesprochen. Keine der Beschreibungen aus der nebenstehenden Spalte trifft auf Israel zu.
2. Die Gemeinde existiert seit Pfingsten, als der Heilige Geist gegeben wurde (Apg. 2). Wir leiten dies ab aus folgenden Tatsachen: a) Als Christus auf der Erde war, war die Gemeinde noch zukünftig, weil Er sagte: »Ich werde meine Gemeinde bauen« (Matth. 16,18). b) Als Paulus seinen 1. Korintherbrief schrieb, existierte die Gemeinde be-	2. Die Existenz des Volkes Israel begann mit der Berufung Abrahams (1. Mose 12)

reits. Er spricht von den Gläubigen, die in einem Geist zu einem Leib getauft worden sind (1. Kor. 12,13).

c) Wir wissen, daß die versprochene Taufe mit dem Heiligen Geist zu Pfingsten stattfand. Deshalb war das der Geburtstag der Gemeinde.

3. Christus ist das Haupt der Gemeinde	3. Abraham war das Haupt Israels.
4. Durch die Wiedergeburt (geistliche Geburt) gehört man zur Gemeinde.	4. Durch die natürliche Geburt gehörte man zum Volk Israel.
5. Die Gemeinde ist das himmlische Volk Gottes. Die Segnungen der Gemeinde sind geistliche Segnungen in himmlischen Örtern. Das Bürgertum des Christen ist im Himmel. Die Hoffnung der Gemeinde besteht darin, mit Christus im Himmel zu sein.	5. Israel war Gottes auserwähltes, irdisches Volk. Die Segnungen Israels waren in erster Linie — obwohl nicht ausschließlich — materielle, irdische Segnungen. Das Bürgertum der Israeliten war irdisch. Die vorrangige Hoffnung Israels war die irdische Herrschaft des Messias in ihrem Land. (Das soll nicht ausschließen, daß die gläubigen Israeliten nach ihrem Tod in

den Himmel kamen oder daß auch sie Hoffnung auf den Himmel hatten. Aber das war nicht der Schwerpunkt ihrer Hoffnung.)

6. In der Gemeinde werden gläubige Juden und gläubige Heiden eins in Christus. Sie werden Gleiche, Teilhaber in Bezug auf das Erbe, Gleiche als Glieder am Leib, und Gleiche als Teilhaber an der Verheißung in Christus durch das Evangelium. In Christus ist die Trennwand zwischen Juden und Nationen durchbrochen und sie sind einsgemacht worden.
(Eph. 2,13-17; Eph. 3,6)

6. Nichts davon trifft auf Israel zu. Was Israel angeht, sind die Nationen »ohne Christus, ausgeschlossen vom Bürgerrecht Israels und Fremdlinge hinsichtlich des Bündnisses der Verheißung; und ihr hattet keine Hoffnung und wart ohne Gott in der Welt« (Eph. 2,12).

7. In der Gemeinde sind alle Glaubenden Priester, heilige und königliche Priester. Als solche haben sie im Glauben zu jeder Zeit Zugang zur Gegenwart Gottes. (1.Petr. 2,1-9; Hebr. 10,19-22).

7. In Israel wurden die Priester aus dem Stamm Levi ausgewählt und aus der Familie Aarons. Nur der Hohepriester konnte in die Gegenwart Gottes gehen, und zwar nur an einem Tag des Jahres (Hebr. 7,5 u.11; 9,7).

8. Die Gemeinde wird bei der Entrückung nach Hause geholt werden, dann mit Christus zurückkehren und während des tausendjährigen Reiches mit Ihm über die Erde herrschen.	8. Die erlösten Israeliten werden Christi irdische Untertanen während Seiner Herr schaft sein.

Man könnte noch viele andere Unterschiede zwischen der Gemeinde und Israel aufzählen. Aber diejenigen, die wir genannt haben, sollten genügen, um zu zeigen, daß die Gemeinde eine besondere Stellung in den Plänen und Zielen Gottes hat, und daß sie nicht mit Israel verwechselt werden darf.

Eine der Schriftstellen, in der Israel und die Gemeinde immerzu verwechselt werden, ist die Predigt auf dem Ölberg, die wir in Matth. 23,37 - 25,46 finden. Dieser Abschnitt betrifft Israel — nicht die Gemeinde. Er beschreibt die Verhältnisse vor und während der Wiederkehr Christi als König. Bemerken wir, daß es in Matth. 24,16 heißt »dann sollen die *in Judäa* auf die Berge fliehen« — hier wird deutlich ein jüdischer Ort angesprochen. In Vers 20 lesen wir »betet aber, daß eure Flucht nicht ... geschehe ... am Sabbath«.

Der Sabbath wurde nie der Gemeinde zugeordnet — sondern nur Israel.

Die in Vers 22 angesprochenen Auserwählten Gottes sind auserwählte Juden.

In Vers 30 wird nicht Christi Kommen in die Luft für die Gemeinde beschrieben, sondern Sein Erscheinen auf der Erde als Israels König.

Ein Bibelleser sollte also erkennen, ob sich ein Abschnitt auf Israel oder auf die Gemeinde bezieht. Liest er von dem »Tag des Herrn« kann er sicher sein, daß Israel hier vorrangig im Mittelpunkt steht. Kommt er andererseits an Stellen, die vom »Tag Christi« sprechen, dann kann er sicher sein, daß hier die Gemeinde angesprochen wird. Somit hat die siebte Posaune aus der Offenbarung 11 mit Israel zu tun; sie ertönt am »Tag des Herrn«. Die »letzte Posaune« aber aus 1. Kor. 15,52 bezieht sich auf die Gemeinde, weil das hier angesprochene Thema die Entrückung ist — und die Entrückung ist eng verbunden mit dem »Tag Christi«.

Abschließend müssen wir zwei der gebräuchlichen Argumente betrachten, die zu beweisen versuchen, daß die Gemeinde nicht von Israel unterschieden werden kann:

1. In Apg. 7,38 wird Israel »die Gemeinde in der Wüste« genannt. Wir müssen aber bedenken, daß das Wort »Gemeinde« einfach nur Versammlung oder Gesellschaft von Menschen bedeutet. Das gleiche Wort wird benutzt, um den heidnischen Pöbel in Ephesus zu beschreiben (Apg. 19,32). Die neutestamentliche Gemeinde weist sich aus durch ihre Verwandtschaft mit Gott, dem Vater, und dem Herrn Jesus Christus.

2. Paulus sagt in Gal. 6,16: »Und so viele dieser Richtschnur folgen werden, Friede und Barmherzigkeit über sie und über das Israel Gottes.« Der Ausdruck »Israel Gottes« wird gebraucht, um zu versichern, daß alle heute Glaubenden das »Israel Gottes« bilden.

Wir glauben aber, daß dies ein Mißverständnis ist. Wenn Paulus »Friede über sie« sagt, bezieht er sich auf alle Gläubigen. Aber mit den Worten »Israel Gottes« spricht Paulus diejenigen Gläubigen jüdischer Geburt an, die entsprechend der Richtschnur der neuen Schöpfung (V. 15) leben und nicht entsprechend der des Gesetzes.

13. Die Gemeinde und das Königreich Gottes

Viele Leser wird es sicher wundern, wenn sie lesen, daß Gemeinde nicht dasselbe ist, wie das Königreich Gottes oder das Königreich der Himmel. Allgemein werden nämlich in der Christenheit die Gemeinde und das Königreich als bedeutungsgleich betrachtet. Aber ein Versagen in der Unterscheidung derselben führt zu ernstlichen Problemen, sowohl in der Lehre als auch in der Praxis.

Im letzten Kapitel wurde die *Gemeinde* einigermaßen ausführlich besprochen; es ist deshalb nicht notwendig, alle Fakten nochmals aufzuführen. Es genügt, sich daran zu erinnern, daß die Gemeinde eine einzigartige Gemeinschaft ist, die mit keiner anderen Beziehung zwischen Gott und Menschen vergleichbar ist. Christus ist das Haupt, und alle Gläubigen sind Glieder. In Christus sind alle Unterschiede der Rasse, des sozialen Status und des Geschlechts abgeschafft; alle wurden eins in Ihm. Die Gemeinde wurde zu Pfingsten gegründet und wird bei der Entrückung vollzählig sein. Von ihr wird gesprochen als von dem Leib und der Braut Christi. Sie wird mit Ihm in Seinem Königreich regieren und in alle Ewigkeit Seine Herrlichkeit teilen; das ist ihre Bestimmung.

Was ist aber mit dem **Königreich der Himmel?**

Das Königreich der Himmel ist die Sphäre, in der Gottes Herrschaft anerkannt wird. Das Wort *Himmel* wird als eine bildhafte Beschreibung Gottes gebraucht; deutlich wird das aus Dan. 4,25 u. 26. Daniel sagt in Vers 25, daß der Höchste über das Königtum der Menschen regiert. Im nächsten Vers sagt er, daß die Himmel herrschen. Somit kündet das Königreich der Himmel von der Herrschaft Gottes, wo immer Menschen sich dieser Herrschaft unterwerfen.

Das Königreich der Himmel beinhaltet zwei Erscheinungsbilder. Im weitesten Sinn schließt es äußerlich alle ein, die eben nur bekennen, daß sie Gott als höchsten Herrscher anerkennen. Zum eigentlichen Kern gehören aber nur die Menschen, die sich tatsächlich bekehrt haben. Wir wollen diesen Sachverhalt anhand von zwei Kreisen verdeutlichen; ein großer Kreis, in dem sich ein kleiner Kreis befindet.

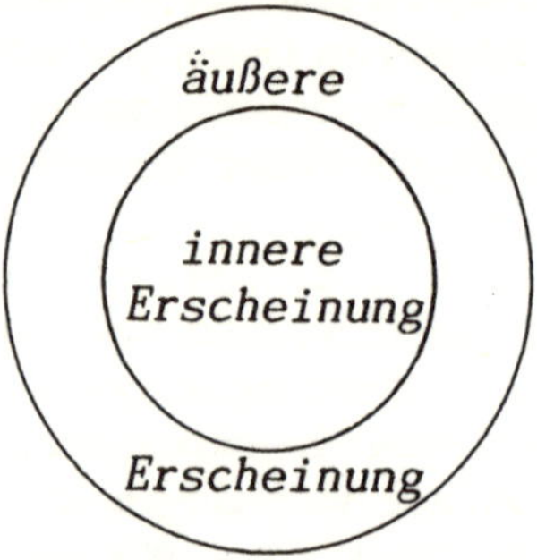

Der große Kreis ist der Bereich des mündlichen Bekenntnisses; er umschließt alles, das wahre und das falsche Bekenntnis, Weizen und Spreu. Der innere Kreis umschließt nur die, die durch den Glauben an den Herrn Jesus wiedergeboren sind.

Bei einem Vergleich aller Bibelstellen, die Bezug zum Königreich haben, können wir eine geschichtliche Entwicklung in fünf Phasen skizzieren.

Erstens wurde das Königreich im Alten Testament *vorhergesagt*. Daniel sagte die Errichtung eines Königreiches durch Gott voraus, das nie zerstört und dessen Herrschaft keinem anderen Volk überlassen werde (Dan. 2,44). Er sah auch das Kommen Christi und dessen allgemeine und ewige Herrschaft voraus (Dan. 7,13 u. 14; vgl. Jer. 23,5 u. 6).

Zweitens wurde das Königreich als *nahe* gekommen und *gegenwärtig* beschrieben und zwar in der Person des anwesenden Königs. Als erster verkündigte Johannes der Täufer, daß das Königreich nahe gekommen sei, danach Jesus selbst und dann die Jünger (Matth. 3,2; 4,17; 10,7). Der König selbst war erschienen, um sich dem Volk Israel vorzustellen. Der Herr Jesus sagte: »Wenn ich aber durch den Geist Gottes die Dämonen austreibe, so ist also das Königreich Gottes zu euch hingekommen« (Matth. 12,28). Bei anderer Gelegenheit sagte Er: »...denn siehe, das Königreich Gottes ist mitten unter euch« (Luk. 17,21). Es war gegenwärtig, weil der König selbst auf die Szene getreten war. (Zwar ist in den letzten beiden Stellen die Rede von dem Königreich Gottes und nicht vom Königreich der Himmel, doch wir werden später zeigen, daß diese beiden Ausdrücke im Neuen Testament austauschbar sind).

Drittens wird das Königreich in einer *vorläufigen* Gestalt beschrieben. Nachdem der König vom Volk Israel verworfen war, kehrte Er in den Himmel zurück. Das Königreich besteht heute somit überall in den Herzen derer, die Sein Königtum anerkennen, während der König selbst abwesend ist. Diese vorläufige Form des Königreiches wird in den Gleichnissen von Matth. 13 beschrieben.

Die vierte Phase ist die *Offenbarung* des Königreiches. Das ist die tatsächliche, tausendjährige Regierung Christi auf der Erde; vorgeschattet auf dem Berg der Verklärung, als der Herr in der Herrlichkeit Seiner zukünftigen Regierung gesehen wurde (Matt. 16,28). Auf dieses Königreich wies der Herr Jesus hin, als Er sagte: »Viele werden von Osten und Westen kommen, um mit Abraham und Isaak und Jakob zu Tisch zu liegen in dem Königreich der Himmel« (Matth. 8,11).

Die fünfte und endgültige Form ist das *ewige* Königreich, was in 2.Petr. 1,11 als das »ewige Reich unseres Herrn und Heilandes Jesus Christus« beschrieben wird.

Den Ausdruck »Königreich der Himmel« findet man nur im Matthäusevangelium, wohingegen die Bezeichnung »Königreich Gottes« in allen vier Evangelien auftaucht. Praktisch besteht zwischen beiden kein großer Unterschied; über beide werden die gleichen Dinge ausgesagt. Beispielsweise sagt der Herr Jesus in Matth. 19,23, daß es für einen Reichen schwer sei, in das Königreich der *Himmel* einzugehen. In Mark. 10,23 und Luk. 18,24 sagt der Herr Jesus dasselbe, nur ist hier vom Königreich Gottes

die Rede. In Matth. 19,24 wird dann nochmals das Gleiche gesagt; hier ist es jetzt bezogen auf das Königreich *Gottes* (vgl. Matth. 19,23 mit 19,24).
Im folgenden noch weitere Stellen, in denen Königreich Gottes und Königreich der Himmel austauschbar sind:

Vergleiche:

Matth. 4,17	mit	Mark. 1,15
Matth. 8,11	mit	Luk. 13,29
Matth. 10,7	mit	Luk. 9,2
Matth. 11,11	mit	Luk. 7,28
Matth. 13,11	mit	Mark. 4,11
Matth. 13,31	mit	Mark. 4,30; Luk. 13,18
Matth. 13,33	mit	Luk. 13,20 u. 21
Matth. 19,14	mit	Mark. 10,14; Luk. 18,16

Wir erwähnten, daß das Königreich der Himmel ein äußeres Erscheinungsbild und eine innere Realität besitzt. Dasselbe kann auch vom Königreich Gottes gesagt werden. Deutlich wird das in folgender Gegenüberstellung:

Das Königreich der Himmel	**Das Königreich Gottes**
Äußerlich gehören sowohl die wahren Untertanen des Königs als auch die bloßen Bekenner zu dem Reich. Wir sehen dies in dem Gleichnis vom Säemann (Matth. 13,3-11), in dem Gleichnis vom Senfkorn (Matth. 13,31 u. 32) und in dem Gleichnis vom Sauerteig (Matth. 13,33).	Auch dieses Reich umschließt wahres und falsches. Zu sehen ist das in den Gleichnissen vom Säemann (Luk. 8,4-10), vom Senfkorn (Luk. 13,18 u. 19) und vom Sauerteig (Luk. 13,20 u. 21).
Zu dem wahren, inneren Kreis des Königreiches der Himmel gehören nur solche, die wahrhaft bekehrt sind (Matth. 18,3).	Zu dem wahren, inneren Kreis des Königreiches Gottes gehören nur solche, die wahrhaft wiedergeboren sind (Joh. 3,3 u. 5).

Paulus nahm Bezug auf die innere Realität, als er sagte: »Denn das Reich Gottes ist nicht Essen und Trinken, sondern Gerechtigkeit und Friede und Freude im Heiligen Geiste« (Röm. 14,17). Außerdem betonte er, daß »das Reich Gottes nicht im Worte, sondern in Kraft besteht« (1. Kor. 4,20).

Der Unterschied zwischen dem Königreich und der Gemeinde kann wie folgt gesehen werden: Das Königreich begann mit dem öffentlichen Dienst Christi; die Gemeinde besteht seit Pfingsten (Apg. 2). Das Königreich wird bis zur Zerstörung der Erde auf ihr bestehen; die Gemeinde bleibt nur bis zur Entrückung auf der Erde und wird später als Braut Christi bei Seiner zweiten Wiederkunft mit ihm regieren. Die Gemeinde bildet heute den inneren, wahren Kern des Königreiches, sie ist aber nicht das Königreich, sondern befindet sich nur in ihm.

14. Geheimnisse der Heiligen Schrift

Das Neue Testament macht uns mit einer Reihe von Geheimnissen bekannt. Die Gefahr liegt nicht darin, sie zu verwechseln, sondern vielmehr darin, sie überhaupt nicht zu verstehen. Deshalb wollen wir dieses Kapitel einer kurzen Zusammenfassung der Bedeutungen verschiedener Geheimnisse widmen.

Definition

Ein Geheimnis ist eine Wahrheit, die niemals zuvor offenbart wurde, die der Mensch nicht mit seinem Verstand erfassen kann, die Gott jetzt aber den Menschen offenbart hat.

Die Geheimnisse des Reiches der Himmel (Matth. 13,3-50)

In Matth. 13,11 lesen wir von den Geheimnissen des Reiches der Himmel. Sie werden in diesem Kapitel in Form von sieben Gleichnissen dargestellt. In den ersten Kapiteln des Matthäus-Evangeliums stellt sich der Herr Jesus dem Volk Israel als Messias-König vor. Aber in Kapitel 12 wird berichtet, daß die religiösen Führer Ihn ablehnen, indem sie Ihn anklagen, Wunder in der Kraft Satans zu vollbringen. Von nun an, wo der König also abgelehnt ist, nimmt das Königreich eine andere Form an. Das finden wir in Matth. 13.

Diese sieben Gleichnisse beschreiben das Reich in seinem vorläufigen Zustand, während der Zeit zwischen der Ablehnung des Königs und Seiner Rückkehr, um auf der Erde zu herrschen. Der König ist abwesend, aber Sein Reich ist überall dort, wo Menschen bekennen, Seine Untertanen zu sein. Manche sind es wirklich, manche bekennen es bloß. Am Ende dieser Periode werden die Aufrichtigen von den »Falschen« getrennt werden und die Segnungen der tausendjährigen Herrschaft genießen. Die Falschen werden vernichtet werden.

Das Geheimnis der Blindheit oder Verstockung Israels (Röm. 11,25)

Weil Israel den König ablehnte, hat Gott eine Art Blindheit oder Verstockung über die Juden kommen lassen. Teilweise erklärt das die großen Schwierigkeiten, die die Juden haben, den Herrn Jesus als ihren Messias anzuerkennen; es erklärt vielleicht auch die relativ kleine Zahl der Erretteten aus diesem Volk. Aber diese Verstockung ist weder total noch endgültig. Einige erkennen tatsächlich, daß der Herr Jesus der ist, von dem die Propheten sprachen. Und die Verblendung wird nur solange bestehen, bis die »Vollzahl der Nationen« erreicht ist, d.h. bis der Herr Seine Brautgemeinde nach Hause holt, damit sie bei Ihm ist. Dann wird sich ein gläubiger Überrest aus Israel zu Christus wenden.

Das Geheimnis der Entrückung (1. Kor. 15,51 u. 52)

Bis zu der Zeit, als Paulus seinen ersten Korintherbrief schreibt, glaubte man, daß jeder Mensch irgendwann einmal früher oder später sterben müßte. Dann aber macht der Apostel die aufsehenerregende Ankündigung, daß nicht alle Gläubigen sterben werden. Solche, die zu der Zeit, da die Entrückung geschieht, leben, werden ohne zu sterben in den Himmel gehen. Sie werden verwandelt werden, — d.h. sie werden Herrlichkeitsleiber bekommen — sie werden den Tod niemals sehen. Solche, die durch Jesus entschlafen sind, werden auferstehen und mit den lebendigen Gläubigen in den Himmel aufgenommen werden. Weitere Einzelheiten finden wir in 1. Thess. 4,13-18.

Das Geheimnis der Gemeinde (Röm. 16,25; Eph. 3,5)

Die Gemeinde ist eine Wahrheit, die von Anfang der Welt an verborgen war (Röm. 16,25), die aber den Aposteln und Propheten des Neuen Testamentes offenbart worden ist (Eph. 3,5). Dieses Geheimnis umfaßt solche wichtigen Merkmale wie:

1. Die Tatsache, daß Christus das Haupt ist (Kol. 1,18).
2. Die Tatsache, daß alle Glaubenden Glieder sind (1. Kor. 12,13).
3. Die Tatsache, daß gläubige Heiden genauso teilhaben wie gläubige Juden, daß Christus auch ihre Hoffnung der Herrlichkeit ist und daß die alte Feindschaft zwischen Juden und Nationen in Christus abgeschafft ist (Eph. 3,6; Kol. 1,26 u. 27; Eph. 2,14 u. 15).
4. Die Tatsache, daß die Gemeinde der Leib Christi ist (1. Kor. 12,12 u. 13).
5. Die Tatsache, daß die Gemeinde Braut Christi ist (Eph. 5,25-27; 31 u. 32).
6. Die Tatsache, daß die Gemeinde Darstellung der mannigfaltigen Weisheit Gottes ist gegenüber den Fürstentümern und Gewalten in der Himmelswelt (Eph. 3,10).
7. Die Tatsache, daß es Gottes Wille ist, Christus zum Haupt eines erlösten Universums zu machen (Eph. 1,9 u. 10), über das Er mit der Gemeinde regiert, die als Seine Braut an Seiner Herrlichkeit auf ewig teilhat.

Das »Geheimnis unter den Nationen« in Kol. 1,27 wird als »Christus in euch, die Hoffnung der Herrlichkeit« erklärt. Das ist das gleiche Geheimnis wie die Gemeinde; es betont, daß Christus sowohl für die glaubenden Nationen, wie auch für die glaubenden Juden die Hoffnung der Herr lichkeit ist — alle haben jetzt die gleiche Stellung vor Gott in Christus.

In Kol. 2,2 ist Christus selbst das Geheimnis Gottes. Wir verstehen das als Hinweis auf den geistlichen Leib Christi: Christus stellt das Haupt dar, alle Glaubenden die Glieder.

Andere Stellen, die sich auf das Geheimnis der Gemeinde beziehen, sind Eph. 6,19 und Kol. 4,3. In gewisser Weise ist das Geheimnis der Gemeinde der Höhepunkt biblischer Offenbarung. Der Apostel Paulus vollendete das Wort Gottes, als er diese Wahrheit ansprach (Kol. 1,25). Chronologisch gesehen war dies zwar nicht der letztgeschriebene Bibelteil; was aber die Enthüllung wichtiger neuer Wahrheiten angeht, war dies der Höhepunkt.

Das Geheimnis der Gesetzlosigkeit (2. Thess. 2,7 u. 8)

Die einzige Aussage über das »Geheimnis der Gesetzlosigkeit« findet sich in 2. Thess. 2,7 u. 8. Dort sagt Paulus: »Schon ist das Geheimnis der Gesetzlosigkeit wirksam, nur offenbart es sich nicht, bis der, welcher jetzt zurückhält, aus dem Weg ist, und dann wird der Gesetzlose geoffenbart werden.« Sogar schon in den frühen Tagen der Gemeinde wirkte bereits ein Geist der Gesetzlosigkeit. Es gab viele »Antichristen«. Aber die volle Entfaltung der Gesetzlosigkeit wurde zurückgehalten von einer nicht mit Namen genannten Person (wir glauben, daß das der Heilige Geist ist).

Wenn diese — das Böse zurückhaltende — Person entfernt ist (der Heilige Geist geht mit der Gemeinde bei der Entrückung in den Himmel zurück), dann wird der Mensch der Sünde, der Antichrist die Geschichtsbühne betreten. Er wird die vollkommene Verkörperung von Sünde und Gesetzlosigkeit sein. Die Welt hat nie zuvor eine solche Konzentration von Gottlosigkeit in einem Menschen gesehen, wie sie dann Gestalt annehmen wird.

Das Geheimnis des Glaubens (1. Tim. 3,9)

Das Geheimnis des Glaubens meint den wesentlichen Teil der christlichen Lehre oder das, was wir auch »christlichen Glauben« nennen. Es wird ein Geheimnis genannt, weil viele seiner Wahrheiten zur Zeit des Alten Testamentes völlig unbekannt waren.

Das Geheimnis der Gottseligkeit (1. Tim. 3,16)

Wörtlich übersetzt heißt es in 1. Tim. 3,16: »Wir bekennen, wie groß tatsächlich das Geheimnis der Gottseligkeit ist: Der geoffenbart worden ist im Fleisch, ist gerechtfertigt worden im Geist, gesehen von den Engeln, wurde gepredigt unter den Nationen, ist geglaubt worden in der Welt und aufgenommen worden in Herrlichkeit.«

Der Vers sagt nicht definitiv, um wen es sich hier handelt; aber die Beschreibung kann nur auf eine Person zutreffen — unseren Herrn Jesus Christus. Bis zu der Zeit, als Christus in die Welt kam, hatten Menschen niemals vollkommene Gottseligkeit oder Frömmigkeit in einem Menschenleben gesehen. Aber der Herr Jesus kam und gab ein anschauliches Beispiel davon, wie eine absolut göttliche Person geartet ist.
Wenn Paulus sagt, daß das Geheimnis der Gottseligkeit groß ist, meint er nicht, daß es besonders mysteriös sei, sondern eher, daß die Wahrheit über die Person Christi großartig und wundervoll ist.
Das Geheimnis der Gottseligkeit steht im Gegensatz zum Geheimnis der Gesetzlosigkeit. Das erste stellt einen Menschen vor, der vollkommene Gottseligkeit verkörpert. Das zweite stellt die lebende Verkörperung der Sünde vor. Zwischen Christus und dem Antichristen besteht ein absoluter Gegensatz.

Das Geheimnis der sieben Sterne (Offbg. 1,20)

Dies Geheimnis wird deutlich erklärt. Die sieben Sterne in Johannes' Vision sind die Engel oder Boten der sieben asiatischen Gemeinden. Die sieben goldenen Leuchter sind die sieben Gemeinden.
In den folgenden zwei Kapiteln der Offenbarung richtet der Herr Jesus Briefe an die Engel der sieben Gemeinden. Diese Briefe kann man auf drei Arten verstehen:

1. Es waren sieben wörtliche Briefe, geschrieben an sieben in Johannes' Tagen tatsächlich existierende Gemeinden.
2. Sie geben eine chronologische Vorausschau auf die Zustände in der Gemeinde, von den Tagen der Apostel an bis zum Ende der Zeit der Gemeinde.
3. Sie beschreiben Zustände, die man zu jeder Zeit in der Geschichte der Gemeinde in ihr finden kann.

Das Geheimnis Gottes (Offbg. 10,7)

Wenn die siebte Posaune ertönt (in Offbg. 10), wird das Geheimnis Gottes vollendet sein; das Erschallen der siebten Posaune wird von lauten Stimmen im Himmel begleitet, die sprechen: »Das Reich der Welt unseres Herrn und seines Christus ist gekommen, und er wird herrschen in alle Ewigkeit« (Offbg. 11,15).
Von daher wissen wir, daß die siebte Posaune am Schluß der großen Drangsal erschallen wird, wenn Christus zur Erde zurückkehrt, um zu herrschen (Offbg. 11,17). Zu dieser Zeit werden die Heiligen des Herrn, die aus der Drangsalszeit kommen, belohnt werden, und Seine Feinde werden vernichtet werden (V. 18). Dann wird das Geheimnis Gottes vollendet sein. Das Böse, das sich so beharrlich und anscheinend siegreich zeigte, wird niedergeworfen werden. Gottes scheinbare Gleichgültigkeit gegenüber der menschlichen Gottlosigkeit und Seine scheinbare Untätigkeit werden zu Ende sein.
»Das Geheimnis Gottes ist auf ewig vollendet; die Herrlichkeit Gottes leuchtet wie die Sonne; der Glaube ist vollkommen gerechtfertigt; das Murren des Zweifels für immer zum Schweigen gebracht.« (F. W. Grant)

Das Geheimnis von Babylon (Offbg. 17,5-7)

Das große Babylon wird in Offbg. 17 bildlich dargestellt als eine Hure, die auf einem Tier sitzt, das sieben Köpfe und zehn Hörner hat. Sie wird genannt »Babylon, die Große, die Mutter der Huren und der Greuel der Erde«. Die Deutung des Geheimnisses wird in den Versen 8-18 gegeben. Die Frau ist eine große Stadt, die über die Könige der Erde regiert (V. 18). Das Tier ist ein Reich, das einmal existierte, dann aber verschwand, erneut errichtet und wieder zerstört werden wird (V. 8). Die sieben Köpfe sind sieben Könige dieses Reiches (V. 9). Die zehn Hörner sind zehn Könige, die mit diesem Reich verbündet sein werden (V. 12). Die Hure reitet eine Zeitlang auf dem Rücken des

Tieres, wird dann aber von ihm vernichtet (V. 16). Das Reich selbst wird am Ende vom Herrn zerstört werden (V. 14).
Unsere Deutung des Geheimnisses lautet folgendermaßen: Die Frau stellt ein großes religiöses und wirtschaftliches System dar, das sein Hauptquartier in Rom hat; es wird eine Weltkirche mit ungeheuren finanziellen Möglichkeiten sein. Das Tier stellt das wiederbelebte Römische Reich dar, in einer zehn-Reiche-Form, ziemlich genau entlang der geographischen Grenzen der Europäischen Gemeinschaft.
Nachdem er eine Zeitlang die Weltkirche unterstützt hat, wird der Herrscher des Römischen Reiches mit den zehn Königen, die seine Alliierten sind, sich gegen das System wenden und es zerstören. Weitere Einzelheiten, die Babylon und ihre Zerstörung betreffen, findet man in Offenbarung 18.

Zusammenfassung

Es gibt im Neuen Testament noch vier andere Bezugnahmen auf Geheimnisse. In 1. Kor. 2,7 sagt Paulus, er und die anderen Apostel »redeten Gottes Weisheit in einem Geheimnis«. Er erklärt dann, daß er Wahrheiten meint, die voraufgegangenen Generationen verborgen waren, die aber jetzt durch den Heiligen Geist enthüllt worden sind. Er und die anderen Apostel waren »Verwalter der Geheimnisse Gottes« (1.Kor. 4,1). Wieder wird hier das Wort in einem allgemeinen Sinn gebraucht, um die neue Wahrheit der christlichen Haushaltung in ihrer Gänze abzudecken. Aber in 1. Kor. 13,2 erinnert er uns daran, daß es nicht genügt, alle Geheimnisse und alle Erkenntnisse zu wissen. Wenn wir keine Liebe haben, sind wir nichts.
Und schließlich erklärt Paulus in 1. Kor. 14,2, daß, wer ohne Übersetzung in Sprachen redet, keinem nützt, auch wenn er tiefe Geheimnisse ausspricht.

15. Errettung und Dienst

Beim Studium des Wortes Gottes können wir uns einiges an Irrtum und Verwirrung ersparen, wenn wir unterscheiden zwischen Abschnitten, die die Errettung betreffen und solchen, die auf das christliche Leben und den Dienst bezogen sind. Normalerweise sind die Stellen, die die Errettung betreffen, nicht schwer zu erkennen. Sie geben übereinstimmend Zeugnis von folgenden Tatsachen:

— Was Gottes Seite angeht, geschieht die Errettung durch Gnade (Röm. 3,24).

— Was die Seite des Christus angeht, ist die Errettung überhaupt erst möglich durch Sein stellvertretendes Werk am Kreuz von Golgatha (2. Kor. 5,21).

— Was den Menschen angeht, ist die Errettung nur zu erreichen durch den Glauben und nicht durch Gesetzeswerke (Gal. 2,16).

— Was die Gewißheit angeht: ein Glaubender kann wissen, daß er errettet ist der Autorität des Wortes Gottes wegen (1.Joh. 5,13).

— Was die Sicherheit angeht: das Kind Gottes wird niemals verloren gehen oder ins Gericht kommen für seine Sünden (Joh. 10,27-29).

Schwierigkeiten tauchen erst dann auf, wenn wir Stellen, die eher mit dem christlichen Leben und Dienst als mit der Errettung zu tun haben, nicht als solche erkennen. Nehmen wir Joh. 15,1-11 als Beispiel:

»Ich bin der wahre Weinstock, und mein Vater ist der Weingärtner. Jede Rebe an mir, die nicht Frucht bringt, die nimmt er weg; und jede, die Frucht bringt, die reinigt er, daß sie mehr Frucht bringe. Ihr seid schon rein um des Wortes willen, das ich zu euch geredet habe. Bleibt in mir und ich in euch. Wie die Rebe nicht von sich selbst Frucht bringen kann, sie bleibe denn am Weinstock, so auch ihr nicht, ihr bleibt denn in mir. Ich bin der Weinstock, ihr seid die Reben. Wer in mir bleibt und ich in ihm, der bringt viel Frucht, denn getrennt von mir könnt ihr nichts tun.

Wenn jemand nicht in mir bleibt, so wird er hinausgeworfen wie die Rebe und verdorrt; und man sammelt sie und wirft sie ins Feuer, und sie verbrennen. Wenn ihr in mir bleibt und meine Worte in euch bleiben, so werdet ihr bitten, was ihr wollt, und es wird euch geschehen. Hierin wird mein Vater verherrlicht, daß ihr viel Frucht bringt und meine Jünger werdet. Wie der Vater mich geliebt hat, habe ich euch geliebt, bleibt in meiner Liebe. Wenn ihr meine Gebote haltet, so werdet ihr in meiner Liebe bleiben, wie ich die Gebote meines Vaters gehalten habe und in seiner Liebe bleibe. Dies habe ich zu euch geredet, damit meine Freude in euch sei und eure Freude völlig werde« (Joh. 15,1-11).

Es geht in diesem Abschnitt um das Fruchtbringen, d.h. das Sichtbarwerden der Frucht des Geistes im Christenleben (Gal. 5,22). Das wurde nicht an Sünder geschrieben, die einen Erretter brauchen, sondern an Heilige, die Jesusähnlichkeit brauchen. Beachtet man dies nicht, könnte man verwirrt sein durch die Folgerung, daß Christen am Ende ins Feuer geworfen werden könnten (Joh. 15,6). Was hier aber tatsächlich gelehrt wird, ist, daß die Welt den Namen und das Zeugnis eines abgefallenen Gläubigen nimmt und in das Feuer wirft. Ungläubige Menschen haben nichts als Verachtung für eine Rebe übrig, die nicht am Weinstock bleibt.

Ein anderer — oft mißverstandener Abschnitt — ist 1. Kor. 3,10-15: »Nach der Gnade Gottes, die mir gegeben ist, habe ich als ein weiser Baumeister den Grund gelegt; ein anderer aber baut darauf; jeder aber sehe zu, wie er darauf baut. Denn einen anderen Grund kann niemand legen, außer dem, der gelegt ist, welcher ist Jesus Christus. Wenn aber jemand auf den Grund Gold, Silber, kostbare Steine, Holz, Heu, Stroh baut, so wird das Werk eines jeden offenbar werden, denn der Tag wird es klar machen, weil er in Feuer geoffenbart wird. Und wie das Werk eines jeden beschaffen ist, wird das Feuer erweisen. Wenn jemandes Werk bleiben wird, das er darauf gebaut hat, wird er Lohn empfangen; wenn jemandes Werk verbrennen wird, so wird er Schaden leiden, er selbst aber wird gerettet werden, doch so wie durchs Feuer.«

Im elften Vers geht es um die Errettung; er lehrt, daß der Herr Jesus Christus der einzig gültige Grund dafür ist. Der Rest des Abschnittes aber handelt von dem Bauen auf diesem Grund, mit anderen Worten von dem Dienst, der auf die Errettung folgt. Es gibt keine Andeutung, daß irgendein Gläubiger im Feuer erprobt werden wird. Es sind die Werke, die geprüft werden. Der Mensch selbst wird nicht verbrennen, möglicherweise aber seine Werke. Hier liegt die Betonung nicht auf dem Glauben, der zur Errettung führt, sondern auf den Werken, die zu Belohnung bzw. zu Verlust der Belohnung führen.

Oder nehmen wir als weiteres Beispiel Paulus' Aussagen in 1. Kor. 9,24-27:

»Wißt ihr nicht, daß die, welche in der Rennbahn laufen, zwar alle laufen, aber einer den Preis empfängt? Lauft so, daß ihr ihn erlangt. Jeder aber, der kämpft, ist enthaltsam in allem; jene freilich, damit sie einen vergänglichen Kranz empfangen, wir aber einen unvergänglichen. Ich laufe nun so, nicht wie ins Ungewisse; ich kämpfe so, nicht wie einer, der in die Luft schlägt, sondern ich zerschlage meinen Leib und knechte ihn, damit ich nicht, nachdem ich anderen gepredigt habe, selbst verwerflich werde.«

Im letzten Vers spricht Paulus von der Möglichkeit, am Ende selbst verwerflich zu werden. Aber in diesem Textzusammenhang geht es nicht um Errettung, sondern um die Selbstzucht im Christenleben. Die Möglichkeit bestand nicht darin, daß Paulus betreffs seiner Errettung zurückgewiesen würde, denn er war ja in Christus angenommen. Aber das Ausbleiben von Selbsterziehung könnte als Folge haben, daß er ein Verworfener würde bezüglich des Dienstes und seiner Belohnung.

Die Unterscheidung zwischen Errettung und Dienst ist der Schlüssel, um einen der scheinbaren Widersprüche im Neuen Testament aufzulösen.

Unser Herr sagt in Matth. 12,30: »Wer nicht mit mir ist, ist gegen mich, und wer nicht mit mir sammelt, zerstreut.« In Mark. 9,40 sagt Er aber: »Wer nicht gegen uns ist, ist für uns.« Auf den ersten Blick scheinen sich diese Verse glatt zu widersprechen. Diese Schwierigkeit verschwindet aber, wenn wir erkennen, daß der erste Vers die Errettung betrifft, und der zweite den Dienst. Im ersten Beispiel sprach der Herr Jesus zu den Pharisäern, die Ihn als Sohn Gottes ablehnten und Ihn anklagten, Wunder in der Kraft Satans zu vollbringen. Geht es um die Person Christi, dann ist jeder, der nicht für Ihn ist, gegen Ihn.

Der zweite Fall betraf einen Mann, der im Namen Christi arbeitete, der aber nicht den Jüngern folgte. Als sie es ihm verwehrten, sagte der Herr Jesus: »Wehret ihm nicht ... denn wer nicht gegen uns ist, ist für uns.« Geht es um den Dienst für Christus, dann ist jeder, der nicht gegen uns ist, für uns.

Diese Beispiele sollten deutlich machen, wie hilfreich es ist, Bibelstellen, die die Errettung betreffen, von solchen zu unterscheiden, die christliches Leben und den Dienst betreffen.

Beim Bibelstudium sollte man sich also fragen:
Handelt der betrachtete Abschnitt von
Gottes Werk *für* uns — Errettung
Gottes Werk *in* uns — Heiligung
Gottes Werk *durch* uns — Dienst?

16. Grundlegendes und Themen von nicht grundlegender Bedeutung

Es ist außergewöhnlich wichtig, Abschnitte auseinanderzuhalten, die einerseits Themen von grundlegender Bedeutung behandeln und andererseits solche, die von nicht grundsätzlicher Bedeutung sind. Beschäftigen wir uns mit biblischen Grundsätzen und Lehren, dann steht oder fällt mit ihnen eine ganze Menge. Beschäftigen wir uns andererseits mit Themen von nachgeordneter Bedeutung, dann ist darauf eine Menge von völlig unterschiedlichen Regelungen anwendbar. Bringen wir diese beiden durcheinander, kann das Ergebnis katastrophal sein. Das Gesagte wollen wir jetzt verdeutlichen.

Handelt der betrachtete Abschnitt von der Gottheit Christi, von Seinem sündlosen Menschsein, Seinem stellvertretenden Opfer oder von Seiner körperlichen Auferstehung, kann es keine unterschiedlichen Meinungen geben. Das sind nicht diskutierbare Wahrheiten des christlichen Glaubens, und Kompromisse sind da nicht möglich.

Oder denken wir an einige der unwandelbaren, moralischen Gesetze Gottes. Es bleibt Sünde, Ehebruch zu begehen. Es bleibt Sünde, zu lügen und zu stehlen. Die Bibel verbietet Abgötterei in jeglicher Form. Auf diesen und ähnlichen Gebieten kann es keine Entschuldigung, Übermäntelung, Verbesserung und keine Aufweichung geben. Wir müssen unzweideutig mit Gott gegen diese Sünden auftreten.

Aber es gibt andere Themen des christlichen Lebens, von denen wir als von Themen von nachgeordneter Bedeutung sprechen, weil sie in sich weder richtig noch falsch sind. Die wesentlichen neutestamentlichen Beispiele sind:

- das Essen von Götzenopferfleisch;
- das Beachten von bestimmten Tagen;
- das Essen von Fleisch (im Gegensatz dazu, nur Gemüse zu essen);
- das Trinken von Wein;

— das Essen von Speisen, die nach dem Gesetz Moses unrein waren;
— Arten christlichen Dienstes.

Über Aussagen zu diesen Fragen kann es unterschiedliche Meinungen geben. Hier bleibt ein gewisser Freiraum.

Die grundlegenden Aussagen bezüglich der Speisen, die den Götzen geopfert worden waren, sind in 1. Kor. 8,1-13; 1. Kor. 10,14-30. Die wesentliche Aussage ist, daß es erlaubt ist, solche Speisen zu essen, solange der Christ nicht an dem Fest selbst teilnimmt, bei dem die Speisen den Götzen geopfert werden und solange sein Gewissen rein bleibt und er damit niemandem Anstoß gibt. Wenn Paulus aber sagt: »Alles ist erlaubt«, müssen wir verstehen, daß er nicht ausnahmslos über alle Dinge spricht. Er bezieht sich nur auf den im Zusammenhang besprochenen Gegenstand — auf ein Thema von nachgeordneter Bedeutung. Sieht man dies nicht, könnte man zu der groben Fehldeutung kommen, Paulus entschuldige Unsittlichkeit.

Im 14. Kapitel des Römerbriefes geht es um das Beachten von bestimmten Tagen, um das Essen von Fleisch (im Gegensatz zu Gemüse), und um das Trinken von Wein. Neben anderen Richtlinien gibt Paulus diese: »Jeder aber sei in seinem eigenen Sinn völlig überzeugt.« Wenn man dies aus dem Zusammenhang nimmt und auf Lehren wie die Inspiration der Bibel oder die Errettung aus Gnade durch den Glauben überträgt, kommt man in ernste Schwierigkeiten.

Es ist unbedingt erforderlich zu erkennen, daß die in Röm. 14 genannten Prinzipien sich nur auf Themen beziehen, die an sich weder gut noch böse sind. Eine andere Aussage aus Röm. 14, die in gleicher Weise verstanden werden muß, ist der Vers 14: »Ich weiß und bin überzeugt in dem Herrn Jesus, daß nichts an sich selbst gemein ist…« Paulus wußte so gut wie wir, daß bestimmte Dinge unrein sind; er spricht hier aber nur von Speisen wie Schweinefleisch, Krabben oder Kaninchen, die in der alttestamentlichen Zeit unrein waren.

In Titus 1 widmet Paulus den Irrlehren beträchtliche Aufmerksamkeit, die versuchten, die gläubigen Christen unter das Gesetz Moses zu stellen. Der Apostel sagt in Vers 15: »Dem Reinen ist alles rein, den Befleckten aber und Ungläubigen ist nichts rein, sondern befleckt ist sowohl ihre Gesinnung als ihr Gewissen.« Es sollte klar sein, daß, wenn Paulus sagt: »Dem Reinen ist alles rein«, er keine universale Wahrheit behauptet, sondern daß er sich auf Dinge bezieht wie auf Fleisch, das unter dem Gesetz Moses als unrein verboten war. Für den Christen, der in der Gnadenzeit lebt, sind alle Nahrungsmittel, die Gott für den menschlichen Verbrauch vorgesehen hat, rein. Die Bezeichnungen »koscher« und »nicht koscher« haben keine Geltung mehr.

Im Bereich des christlichen Dienstes gibt es eine Berechtigung für einen gewissen Grad an Anpassung an Kultur und Gewohnheiten der Menschen. So erzählt Paulus in 1. Kor. 9,13-23, wie er sich angepaßt hat an seine Zuhörerschaft (ohne natürlich irgendeine grundlegende Wahrheit zu opfern oder Kompromisse zu schließen im Bezug auf seine Treue zu Christus). »Denn obwohl ich allen gegenüber frei bin, habe ich mich allen zum Sklaven gemacht, damit ich immer mehr gewinne. Und ich bin den Juden wie ein Jude geworden, damit ich die Juden gewinne; denen, die unter Gesetz sind, wie einer unter Gesetz — obwohl ich selbst nicht unter Gesetz bin —, damit ich die, welche unter Gesetz sind, gewinne; denen, die ohne Gesetz sind, wie einer ohne Gesetz, — obwohl ich nicht ohne Gesetz vor Gott bin, sondern unter dem Gesetz Christi —, damit ich die, welche ohne Gesetz sind, gewinne. Den Schwachen bin ich ein Schwacher geworden, damit ich die Schwachen gewinne. Ich bin allen alles geworden, damit ich auf alle Weise einige errette. Ich tue aber alles um des Evangeliums willen, um an ihm Anteil zu bekommen.« Wenn aber Paulus sagt »Ich bin allen alles geworden, damit ich auf alle Weise einige errette«, dann bedeutet das auf keinen Fall, daß er jemals die Wahrheit des Evangeliums geschmälert oder daß er teilgehabt hätte an irgendeiner sündigen Tat. Wo es möglich war, Zugeständnisse zu machen, ohne die Wahrheit zu opfern (wie bei der Beschneidung von Timotheus, Apg. 16,3) ging er darauf ein, damit noch mehr Menschen seine Botschaft hörten.

Wo aber die Wahrheit der Errettung aus Gnade, im Gegensatz zur Erfüllung des Gesetzes, auf dem Spiel stand (wie bei der Auseinandersetzung um die Beschneidung des Titus, Gal. 2,1-5), da gab Paulus niemals nach.

Der Bibelleser sollte lernen, solche Abschnitte zu entdecken, die von nicht lebenswichtigen Themen handeln. Dann sollte er sich erinnern, daß man die dort gefundenen Prinzipien nicht anwenden darf auf grundlegende Wahrheiten oder unwandelbare Gebote. Das wird ihn davor bewahren, von Anwendungen verwirrt zu werden, die grotesk und lächerlich wären.

17. Zweifache Erfüllungen

Beschäftigen wir uns mit den prophetischen Schriftstellen, so ist einer der hilfreichsten Schlüssel zu ihrem Verständnis das Wissen, daß einige Prophezeiungen mehr als eine Erfüllung finden. Es ist nicht ungewöhnlich, eine Voraussage zu finden, die erst eine vorläufige, teilweise und dann später eine volle oder endgültige Erfüllung findet. Das klassische Beispiel dafür ist die Prophezeiung Joels bezüglich der Ausgießung des Heiligen Geistes.

»Und danach wird es geschehen, daß ich meinen Geist ausgießen werde über alles Fleisch; und eure Söhne und eure Töchter werden weissagen, eure Greise werden Träume haben, eure Jünglinge werden Gesichte sehen. Und selbst über die Knechte und über die Mägde werde ich meinen Geist ausgießen in jenen Tagen. Und ich werde Wunder geben im Himmel und auf der Erde: Blut und Feuer und Rauchsäulen; die Sonne wird sich in Finsternis verwandeln und der Mond in Blut, ehe der Tag des Herrn kommt, der große und furchtbare. — Und es wird geschehen, ein jeder, der den Namen des Herrn anrufen wird, wird errettet werden« (Joel 2,28-32).

Wenn Petrus diesen Abschnitt am Pfingsttag zitiert (Apg. 2,14-21), sagt er: »... dies ist es, was durch den Propheten Joel gesagt ist.« Er kann aber nicht gemeint haben, daß dies schon die endgültige Erfüllung wäre, denn einige der von Joel erwähnten Dinge geschahen nicht zu Pfingsten.

> Der Geist wurde nicht auf alles Fleisch ausgegossen, sondern nur auf 3000 Juden. Es gab keine Zeichen am Himmel — weder wurde die Sonne in Finsternis verwandelt, noch der Mond in Blut. Auch geschahen nicht all die Zeichen auf der Erde — wie Blut und Feuer und Rauch.

Das bedeutet, daß Pfingsten eine frühe und unvollständige Erfüllung von Joels Prophezeiung war. Die vollkommene Erfüllung wird stattfinden beim zweiten Kommen

Christi. Die vorhergesagten Zeichen werden Seinem Kommen voraufgehen, und anschließend wird im tausendjährigen Reich Sein Geist auf alles Fleisch ausgegossen werden.

Wir haben ein weiteres Beispiel in der bekannten »Jungfrauen-Stelle« in Jes. 7,14:

»Darum wird der Herr selbst euch ein Zeichen geben: Siehe, die Jungfrau wird schwanger werden und einen Sohn gebären und wird seinen Namen Immanuel heißen.«

Offensichtlich hatte die Prophezeiung eine unmittelbare Bedeutung für König Ahas, nämlich, daß ein Kind geboren würde, das »Gott mit uns« heißen sollte, im Hinblick auf den nahen Sieg. Bevor das Kind alt genug sein würde, Gut und Böse zu unterscheiden, würde das syrisch-israelische Bündnis zerbrechen, und ein paar Jahre später würde das Kind im fetten, fruchtbaren Land wohnen. Die völlige Erfüllung des Verses kam aber mit der Geburt Christi:

»Dies alles geschah aber, damit erfüllt würde, was von dem Herrn geredet ist durch den Propheten, der spricht: 'Siehe, die Jungfrau wird schwanger werden und einen Sohn gebären, und sie werden seinen Namen Immanuel heißen', was verdolmetscht ist 'Gott mit uns'« (Matth. 1,22 u. 23).

Ein drittes Beispiel von zweifacher Erfüllung findet sich in Ps. 118,26a:

»Gesegnet sei, der kommt im Namen des Herrn.«

Am ersten Palmsonntag, als Jesus nach Jerusalem einreitet, rief die Menge:

»Hosanna, dem Sohn Davids! Gepriesen sei, der da kommt im Namen des Herrn« (Matth. 21,9).

Aber wir wissen, daß sich darin die Prophezeiung nicht erschöpfend erfüllte, denn in Seiner späteren Wehklage über Jerusalem sagte der Herr Jesus:

»Denn ich sage euch, ihr werdet mich von jetzt an nicht sehen, bis ihr sprecht: Gepriesen sei, der da kommt im Namen des Herrn!« (Mt. 23,39).

Die endgültige Erfüllung wird stattfinden, wenn der Heiland in Macht und Herrlichkeit auf die Erde zurückkehrt zu Seinem Volk, das Ihn als Messias und König empfangen wird.
Eine weitere Veranschaulichung einer Prophetie, die zwei Erfüllungen hat, betrifft die Zerstörung Jerusalems. Der Herr Jesus sagte die Verwüstung der Stadt in Luk. 21,20-24 voraus. Seine Worte erfüllten sich ganz offensichtlich im Jahre 70, als Titus und seine römischen Legionen die Stadt plünderten und den Tempel dem Erdboden gleichmachten. Aber die Leiden Jerusalems sind noch nicht vorbei. Aus Offenbarung 11,2 geht hervor, daß die Nationen in der Trübsalszeit die heilige Stadt 42 Monate lang »zertreten« werden.
Psalm 2,1 u. 2 wird in Apg. 4,25 u. 26 zitiert:
»Warum tobten die Nationen und sannen Eitles die Völker? Die Könige der Erde standen auf, und die Fürsten versammelten sich gegen den Herrn und seinen Gesalbten.«
In Apg. 4,27 werden diese Worte auf die Kreuzigung Christi bezogen:
»Denn in dieser Stadt versammelten sich in Wahrheit gegen deinen heiligen Knecht Jesus, den du gesalbt hast, sowohl Herodes als Pontius Pilatus mit den Nationen und den Völkern Israels.«
Das war eine vorläufige und teilweise Erfüllung der Worte des Psalmisten. Sie werden aber noch eine weitere Erfüllung finden am Ende der Drangsalszeit, wenn sich die Herrscher der Welt verbinden in dem nutzlosen Versuch, Christus daran zu hindern, die universale Herrschaft zu übernehmen.
Ein letztes Beispiel findet sich in den Vorhersagen bezüglich der Sammlung Israels (Jes. 43,5-7; Jer. 16,14 u. 15; Hes. 36,8-11; 37,21).
Diese Prophetien fanden eine kleine Vorerfüllung darin, daß ein Überrest der Juden aus der babylonischen Gefangenschaft nach Israel zurückkehrte, wie das in Esra und Nehemia beschrieben wird.

Aber das Hauptereignis steht noch bevor. Alle früheren Sammlungen waren nur ein Tröpfeln. Während der Zeit der Drangsal Jakobs wird Gott Sein auserwähltes irdisches Volk von überall her nach Israel zurückbringen (Matth. 24,31; 3.Mo. 30,3 u. 4; Hes. 36,24-32; 37,11-14).
Dann und nur dann werden die Prophezeiungen vollkommen und letztgültig erfüllt sein.

Weitere empfehlenswerte Bücher

Schritte durch die Bibel
A. Gibbs (I. Linder, D. Boddenberg)

Band 1: Altes Testament 272 S., Best.-Nr. 55623, **Preis DM 24,80**
mit Posterkarte: Palästina zur Zeit des Alten Testamentes (45 x 65 cm)

Band 2: Neues Testament (A) 256 S., Best.-Nr. 55626, **Preis DM 25,80**
Evangelien bis Endzeitreden des Herrn Jesus Christus
mit Posterkarte: Palästina zur Zeit des Herrn Jesus Christus (45 x 65 cm)

Band 3: Neues Testament (B) 184 S., Best.-Nr. 55627, **Preis DM 25,80**
Leidensgeschichte des Herrn Jesus Christus, Tod, Auferstehung
Apostelgeschichte bis Offenbarung
mit Posterkarte: Die Missionsreisen des Apostels Paulus (65 x 45 cm)

Bitte fragen Sie in ihrer Buchhandlung nach diesen Büchern!
Oder schreiben Sie an den Hänssler-Verlag, Postfach 1220,
D-7303 Neuhausen-Stuttgart

Grundzüge biblischer Offenbarungen

Themenkreise der Bibel erklärt und sichtbar gemacht
Format 30 x 24 cm
104 Seiten und 16 aufklappbare, fbg. Karten
Bestell-Nr. 54387
Preis DM 49,—

Dieses Werk enthält eine gründliche und umfassende Darstellung der Offenbarungen Gottes für die Menschheit. Große, übersichtliche mehrfarbige Karten und zahlreiche in den Text eingefügte Abbildungen erleichtern das Verständnis der biblischen Prophetie und zeigen Verbindungen und Zusammenhänge einzelner Aussagen auf.
Am Textrand angegebene Bibelstellennachweise ermöglichen eine Überprüfung der Aussagen und Vertiefung durch ein begleitendes Bibelstudium. Ein repräsentativer, reich ausgestatteter Band.

William MacDonald

Christus und die Gemeinde

Taschenbuch, 128 Seiten, DM 6,80
Bestell-Nr. 70442

Da ein neues Fragen zu den Aussagen der Bibel zu dem Thema »Gemeinde« aufgebrochen ist, stellt William MacDonald die grundlegenden Ordnungen und geistlichen Prinzipien der neutestamentlichen Gemeinde dar. Seine Untersuchung bleibt eng an die biblischen Aussagen gebunden. Darin liegt die entscheidende Hilfe, wenn es um die Fragen nach der Existenz und dem Leben der Gemeinde sowie dem Leben des Einzelnen in der Gemeinde geht. Die Themen lauten u.a.: Die Gemeinde, der Leib des Christus; Das Priestertum aller Gläubigen; Die Gebetsversammlung; Der Dienst der Frau.
Durch seine vielseitigen Erfahrungen als Bibellehrer versteht es der Autor, die Gedanken in verständlicher Weise darzustellen.